高等职业教育理实一体化系列教材·汽车类

汽车维护与保养
（第2版）
活页式教材

主　编　杨　波　　白秀秀　　张　莉
副主编　王艳超　　林　倩　　鲁言超
参　编　房宏威　　刘金凤　　李晓杰　　高振传

全书资源总码

北京理工大学出版社
BEIJING INSTITUTE OF TECHNOLOGY PRESS

内 容 简 介

本教材内容面向汽车维修工岗位,对接专业教学标准、职业标准、1+X 职业技能等级标准、德国汽车技术国际标准,并建立动态修订教材机制,将各标准融入教材,实现课证融通。从 2015 年 7 月至今的 2 次修订,使教材内容紧跟汽车新技术的发展变化,同时保证教材的灵活性、实效性、适应性。

教材内容对接岗位需求,根据课程目标选择编写内容,体现新标准、新技术、新知识,确保必需、够用。教材编写组在对汽车发动机、底盘、电气、车身等系统保养,以及维修工岗位职责调研的基础上,面向汽车维修岗位群,选取了所需要的汽车保养知识、技术、技能方面的内容,如发动机机油、冷却液的更换,玻璃水的添加,轮胎、摩擦衬块、制动液的更换,以及电气系统中的雨刮、蓄电池、灯光检查,车身系统天窗润滑、车门止动器润滑等。

版权专有　侵权必究

图书在版编目(CIP)数据

汽车维护与保养 / 杨波,白秀秀,张莉主编. -- 2 版. -- 北京:北京理工大学出版社,2021.10
ISBN 978-7-5763-0556-2

Ⅰ. ①汽… Ⅱ. ①杨… ②白… ③张… Ⅲ. ①汽车-车辆修理②汽车-车辆保养 Ⅳ. ①U472

中国版本图书馆 CIP 数据核字(2021)第 217306 号

出版发行 / 北京理工大学出版社有限责任公司	
社　　　址 / 北京市海淀区中关村南大街 5 号	
邮　　　编 / 100081	
电　　　话 /(010)68914775(总编室)	
(010)82562903(教材售后服务热线)	
(010)68944723(其他图书服务热线)	
网　　　址 / http://www.bitpress.com.cn	
经　　　销 / 全国各地新华书店	
印　　　刷 / 河北盛世彩捷印刷有限公司	
开　　　本 / 787 毫米 × 1092 毫米 1/16	责任编辑 / 多海鹏
印　　　张 / 12	文案编辑 / 辛丽莉
字　　　数 / 279 千字	责任校对 / 刘亚男
版　　　次 / 2021 年 10 月第 2 版　2021 年 10 月第 1 次印刷	责任印制 / 李志强
定　　　价 / 39.00 元	

图书出现印装质量问题,请拨打售后服务热线,本社负责调换

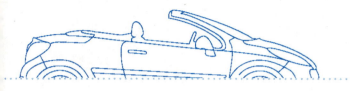

前 言
PREFACE

  随着我国社会经济的蓬勃发展，人们的生活水平也得到显著的提高，汽车已经成为越来越多家庭的常用代步工具，因此汽车的维修与保养也得到城市了居民的关注。本教材通过对汽车维修和保养的综合分析，提出了汽车维修和保养在未来的发展方向，旨在促进对汽车维修保养知识的了解和沟通，使汽车在行驶的过程中更加节油，延长汽车的使用寿命，同时加强汽车维修行业对市场的关注，并从技术上、管理上多创新，推动我国汽车维修行业的发展。汽车在使用一段时间之后，各个摩擦副会有磨损，润滑油（脂）及其他工作介质会变质、失效或滴漏，其零件表面会积存污垢，连接件会松弛，金属零件会发生锈蚀、疲劳或变形，橡胶和塑料等非金属制件会老化或受损等。这些都会使汽车状况变坏，工作性能降低。为此，必须适时地对汽车进行相应的保养作业。

  本教材融入了职业院校汽车运用与维修专业一体化改革的成果，并结合了当前汽车维修行业的生产实际，因此具有较强的针对性。本教材较好地贯彻了素质教育的思想，力求体现以人为本的理念，从汽车维修行业岗位群的知识和技能要求出发，并结合学生创新能力的培养、职业道德方面的要求，提出教学目标并组织教学内容。本教材中的任务源于4S店的典型工作任务，指导学生在完整的工作中进行理论实践一体化的学习，在培养专业能力的同时，帮助学生掌握工作过程，促进关键能力和综合素质的提高，实现工学一体化教学目标。

  本教材由杨波、白秀秀、张莉主编，编写分工如下：杨波、王艳超、高振传编写项目1、2；张莉、林倩、房宏威编写项目3、4；白秀秀、鲁言超、李晓杰、刘金凤编写项目5、6；杨波负责统稿和主持工作，王永浩负责主审。教材编写得到了李臣华、李维娟教授的支持和帮助，为此表示衷心的感谢。本教材在编写过程中也得到了有关单位、厂家以及4S店的大力支持和帮助，同时参考和引用了很多文献资料及图片，在此一并表示衷心的感谢。

  由于编者能力和水平有限，书中难免有不妥乃至错误之处，敬请广大读者提出宝贵意见，在此深表感谢。

编　者

目录 CONTENTS

项目1　常规检查维护篇 ································· 001

学习任务1　诊断仪的认识与使用 ································· 001
学习任务2　目测检查发动机机舱 ································· 007
学习任务3　检查风窗刮水器清洗系统 ····························· 013
学习任务4　检查车门限位器 ····································· 017
学习任务5　保养周期复位 ······································· 019
学习任务6　检查安全气囊系统和安全带 ··························· 021
学习任务7　检查天窗 ··· 025
学习任务8　检查及更换空调滤清器 ······························· 029
习题1 ·· 031

项目2　电气维护篇 ··· 033

学习任务1　检查蓄电池 ··· 033
学习任务2　检查车辆内部照明和信号装置 ························· 039
学习任务3　检查车辆外部照明和信号装置 ························· 045
学习任务4　检查风窗刮水器、风窗清洗器、大灯清洗装置功能 ······· 049
学习任务5　检查、调整前照灯（大灯）光束 ······················· 053
习题2 ·· 057

项目3　发动机维护篇 ······································· 059

学习任务1　检查冷却液液面高度及防冻能力 ······················· 059
学习任务2　更换发动机机油及机油滤清器 ························· 063
学习任务3　检查及更换火花塞 ··································· 069
学习任务4　检查及更换空气滤清器 ······························· 073
学习任务5　检查排气系统 ······································· 075
学习任务6　更换燃油滤清器 ····································· 077

学习任务 7　发动机正时皮带及皮带张紧轮的检查 …………………… 081
　　习题 3 ………………………………………………………………………… 085

项目 4　底盘维护篇 ………………………………………………………… 087
　　学习任务 1　制动液的检查与更换 ………………………………………… 087
　　学习任务 2　检查前、后制动摩擦衬块厚度 ……………………………… 091
　　学习任务 3　轮胎检查与换位 ……………………………………………… 093
　　学习任务 4　检查变速箱、等速万向节、球头间隙及防尘套 …………… 101
　　学习任务 5　变速箱油的检查与更换 ……………………………………… 103
　　学习任务 6　轮胎的拆装 …………………………………………………… 107
　　学习任务 7　轮胎的动平衡 ………………………………………………… 111
　　习题 4 ………………………………………………………………………… 115

项目 5　新车交验篇 ………………………………………………………… 117
　　学习任务 1　恢复新车正常工作状态 ……………………………………… 117
　　学习任务 2　新车交付检查 ………………………………………………… 121
　　习题 5 ………………………………………………………………………… 131

项目 6　道路救援篇 ………………………………………………………… 133
　　学习任务 1　千斤顶的使用 ………………………………………………… 133
　　学习任务 2　拖车钩使用 …………………………………………………… 137
　　习题 6 ………………………………………………………………………… 141

任务工单 …………………………………………………………………… 143

附录　汽车常规保养项目单 ……………………………………………… 177

习题答案 …………………………………………………………………… 181

参考文献 …………………………………………………………………… 184

项目 1
常规检查维护篇

学习任务1　诊断仪的认识与使用

【学习情境描述】

通过使用诊断仪对车辆所有控制单元进行检查,及时发现车辆隐含故障,早期排除车辆隐患。

【任务技能】

（1）正确连接诊断仪;
（2）正确读取故障码、清除故障码。

【知识必备】

1. 诊断仪介绍

汽车故障诊断仪是一款针对汽车故障进行检测和诊断的专业仪器,主要用来对汽车故障进行诊断和定位,能实时检测和诊断车辆故障,并对车辆故障的解决方法提供帮助和建议,同时也能进行车辆的日常检测,实时掌握车辆的状况和性能,是修理工必备的一种车辆检测仪器。

目前大众使用的诊断仪有 VAS5051、VAS5051B、VAS5052、VAS5052A、VAS6150,及金奔腾929。诊断仪各型号如图1.1.1所示。

2. 诊断仪的进入及使用

（1）关闭点火开关,连接车辆与诊断仪,然后再打开点火开关。

（2）打开诊断仪软件,自诊断后一般会自动显示车辆 VIN 码（汽车识别号）和发动机型号,如果型号不匹配,需要手动选择。查看信息区的车辆与诊断仪连接情况。如果连接异常,信息区出现红色×,如图1.1.2所示。

（3）在工作区或者功能区启动诊断,见图1.1.3,然后保存诊断报告或者自诊断报告,将车辆当前信息（故障码、编码等信息）保存下来。

（4）进入自诊断模式,查询故障存储器见图1.1.4。查询故障代码,见图1.1.5。

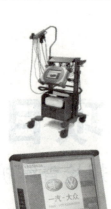

图 1.1.1　诊断仪各种型号

图 1.1.2　诊断仪信息区

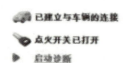

图 1.1.3　启动诊断

图 1.1.4　查询故障存储器

图 1.1.5　查询故障代码

3. 读取数据块（读取测量值）

（1）读取数据块条件：

①发动机怠速运转；②关闭空调及其他所有使用电器；③发动机水温在 85 ℃以上；④发动机没有漏气等故障。

（2）读取控制单元数据块（读取测量值）。在引导型功能里面，找到读取测量值，如图 1.1.6 所示。

4. 常用控制单元地址码

01——发动机电子设备；

02——变速箱电控系统；

03——制动电控系统；

08——空调系统；

09——中央电器控制单元；

15——安全气囊；

16——方向盘电子单元；

19——网关；

25——防盗器；

36——电动座椅；

44——助力转向系统；

46——舒适系统；

53——电子驻车制动系统；

56——音响系统；

76——停车辅助系统。

图 1.1.6　读取控制单元测量值

【任务操作】

 仪器、工具和材料

码 1.1.1　诊断仪使用

仪器	工具	材料
故障诊断仪	—	—

（1）关闭点火开关，诊断仪与车辆建立连接，如图 1.1.7 所示。

（2）打开点火开关，进入诊断仪软件，单击"启动自诊断"，如图 1.1.8 所示自动匹配汽车识别号（VIN 码）和发动机型号。

（3）单击"安装列表"查询故障存储器（图 1.1.9），然后保存故障代码，删除故障代码，再次进行自诊断，查看故障代码。注意：不要随意清除故障代码，有很多偶发性故障，一旦清除就很难排除，所以要先保存。

（4）在列表中显示红色的是有故障的系统，逐个打开查询并输出故障码，如图 1.1.10 所示。

（5）将故障码打印分析。

（6）按照保养数据表的要求，读取并记录相关数据块（节气门开度、空气流量/进气压力等）。

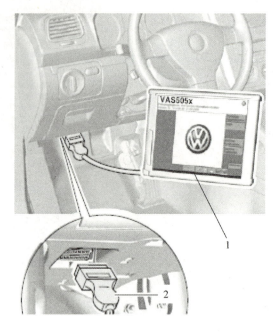

图 1.1.7　诊断仪与车辆建立连接

1—诊断仪；2—连接插头

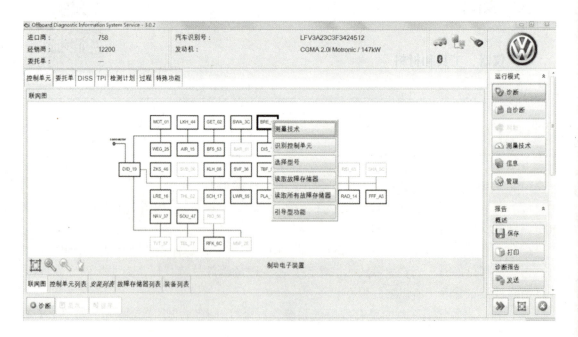

图 1.1.8　车辆自诊断

图1.1.9　故障存储器安装列表

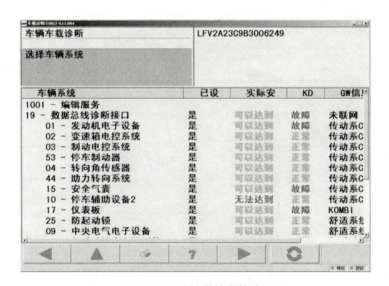

图1.1.10　查询并输出故障码

(7) 关闭点火开关，取下诊断仪插头，完成自诊断。

注意事项：

编辑服务功能可以快速清除整个系统故障代码，但在没有对故障码分析处理前，不能直接清除故障码。

随堂操作笔记:

学习任务 2　目测检查发动机机舱

【学习情境描述】

通过目测检查发动机机舱内机油、燃油、冷却液、制动液、助力油、制冷剂、风窗清洗液的密封情况；

检查车辆润滑等系统是否有泄漏现象，及时发现故障隐患，减少车辆损失和消除安全隐患。

【任务技能】

（1）检查发动机各种油液是否有泄漏；
（2）明确各种油液泄漏点。

【知识必备】

1. 润滑系统零件安装位置（图 1.2.1）

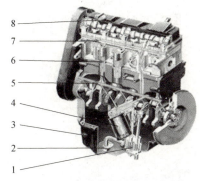

图 1.2.1　润滑系统零件安装位置

1—机油泵；2—机油集滤器；3—油底壳；4—机油滤芯；5—主油道；6—回油通道；7—缸盖油道；8—机油加注口

2. 燃油系统零件安装位置（图 1.2.2）

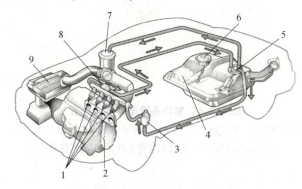

图 1.2.2　燃油系统零件安装位置

1—喷油嘴；2—发动机；3—燃油滤清器；4—油箱；5—燃油泵；
6—油量传感器；7—燃油蒸气回收罐；8—燃油压力调节器及回油管；9—空气滤芯

3. 冷却系统零件安装位置（图1.2.3）

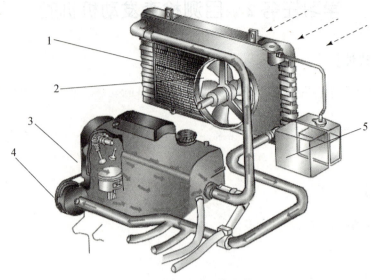

图1.2.3　冷却系统零件安装位置

1—散热器；2—风扇；3—水套；4—水泵；5—膨胀散热器

4. 制动系统零件安装位置（图1.2.4）

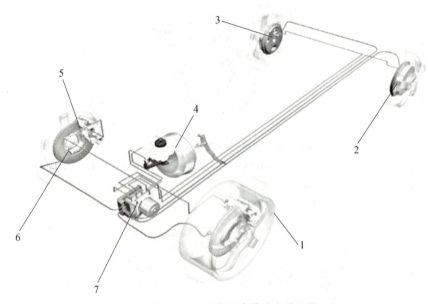

图1.2.4　制动系统零件安装位置

1—车轮；2—鼓式制动器；3—后轮轮速传感器；4—真空助力器；
5—盘式制动器；6—前轮轮速传感器；7—液压控制单元

5. 转向助力系统零件安装位置（图1.2.5）

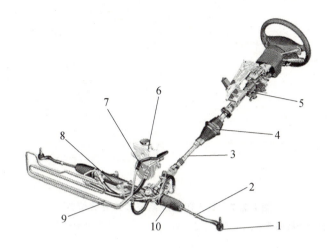

图1.2.5 转向助力系统零件安装位置
1—球头；2—横拉杆；3—转向传动轴；4，10—护罩；5—转向柱；
6—储油罐；7—转向助力泵；8—动力缸；9—回油管

6. 空调系统零件安装位置（图1.2.6）

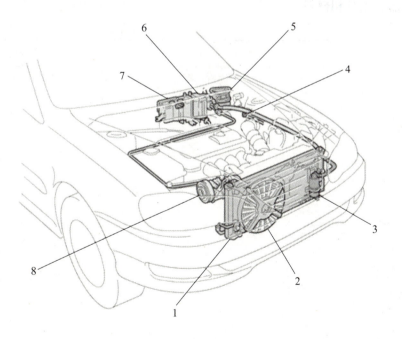

图1.2.6 空调系统零件安装位置
1—冷凝器；2—冷凝器风扇；3—储液罐/干燥瓶；4—压力开关；
5—鼓风机装置；6—冷却装置；7—暖风装置；8—压缩机

7. 刮水器清洗系统零件安装位置（图1.2.7）

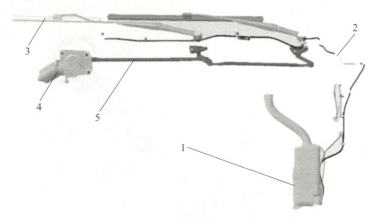

图1.2.7　刮水器清洗系统零件安装位置
1—风窗清洗液储液罐；2—管路；3—刮水器；4—刮水器电动机；5—刮水器拉杆

注意事项：
当液面低于标准值时，要仔细检查，探明原因，切勿盲目加注。

【任务操作】

仪器、工具和材料

码1.2.1　目测检查发动机舱

仪器	工具	材料
—	抹布、吸油纸	—

（1）检查润滑系统的可能泄漏点：
①加油口；
②机油滤清器支架处；
③配气相位调节阀处；
④曲轴箱通风管接口处；
⑤机油滤清器密封圈处；
⑥机油尺座处。
（2）检查燃油系统的可能泄漏点：
①机舱内输油管路接口处；
②高压油泵、油轨；
③油压传感器及连接处。
（3）检查冷却系统的可能泄漏点：
①暖风法兰处；
②水泵进出水管处；
③散热器进出水管处；

④水温传感器处。

（4）检查制动系统的可能泄漏点：

①制动液油壶与制动总泵连接处；

②ABS 泵与油管连接处；

③检查手动变速箱上离合器分泵及管路连接处。

（5）检查转向助力系统可能泄漏点（液压助力转向）：

①转向助力泵油管及油封；

②油压开关；

③转向助力油壶及油管。

（6）检查空调制冷系统的可能泄漏点：

①空调压缩机油封处；

②压力开关连接处；

③膨胀阀连接处；

④冷凝器与管路连接处。

（7）检查刮水器清洗系统的可能泄漏点：

①喷水电动机附近；

②液位传感器附近；

③管路连接处。

（8）检查机舱内管路、线路等部件是否有损坏或干涉。

随堂操作笔记：

学习任务3 检查风窗刮水器清洗系统

【学习情境描述】

通过检查风窗清洗液液面并及时添加，确保风窗清洗液始终充足，提高驾驶安全性。

【任务技能】

（1）检查风窗清洗液液面并及时添加；
（2）检查风窗清洗液冰点。

【知识必备】

1. 风窗清洗液混合浓度与防冻温度对比（表 1.3.1）

表 1.3.1 风窗清洗液浓度混合比例表

混合比例表		
防冻温度值/℃	清洗剂	水
−40	1	0
−18	1	1
−8	1	2

2. 风窗清洗液的作用

（1）保护喷嘴、储液罐和连接软管等清洁装置防止冷冻；
（2）能够确保扇状喷嘴即使在低温下仍可保持工作；
（3）强力清洁车窗玻璃上的蜡类和油类残余物；
（4）避免刮水片老化。

3. 风窗清洗液的组成

风窗清洗液由食用乙醇、纯净水、表面活性剂和助剂、食用香料等组成。

4. 冰点测试仪的校准

图 1.3.1 所示为冰点测试仪，其校准方法如下：
（1）打开盖板，用柔软绒布将盖板及棱镜表面擦拭干净；

图 1.3.1 冰点测试仪

（2）用吸管将蒸馏水滴在棱镜表面，合上盖板轻轻按压，将测试仪朝向明亮处，旋转目镜使视场内刻度线清晰；

（3）调整校准螺钉，使明暗分界线与基准线重合即可。

【任务操作】

仪器、工具和材料

码1.3.1　检查雨刮系统

仪器	工具	材料
冰点测试仪	柔软绒布、吸油纸	—

（1）检查风窗清洗液液面。

①打开风窗清洗液储液罐（图1.3.2）的盖子，目测风窗清洗液液面位置；

图1.3.2　风窗清洗液储液罐

②如果看不到液面，应加注原厂风窗清洗液至储液罐罐口；

③盖好储液罐盖子；

④操作风窗清洗开关，检查风窗清洗系统是否正常工作。

（2）检查风窗清洗液冰点。

①清洗和校准冰点测试仪（图1.3.3）后，擦干棱镜表面；

②用吸管吸取一滴风窗清洗液并滴在棱镜表面上；

③合上盖板轻轻按压，将目镜朝向明亮处；

④读取刻度尺上的数值并记录在工单上；

⑤用柔软绒布擦干净棱镜，然后将棱镜放回包装盒，测试完毕。

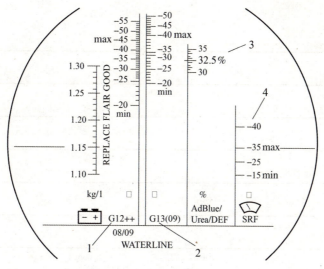

图 1.3.3　冰点测试仪检查图
1—冷却液 G12 ++ 冰点；2—冷却液 G13 冰点；3—尿素液浓度；4—风窗清洗液冰点

随堂操作笔记：

学习任务 4　检查车门限位器

【学习情境描述】

通过定期润滑车门限位器,减少止动器磨损并消除摩擦噪声。

【任务技能】

(1) 正确使用润滑脂;
(2) 判断车门限位器状态。

【知识必备】

汽车车门限位器简称限位器,是指车门在受到一定力的作用下,限制车门转动的装置。

1. 车门限位器的功用

车门限位器用以限制车门在车身倾斜的情况下车门自己打开或关闭,并限制车门的最大开度,同时起缓冲作用,防止金属之间发生碰撞产生刺耳的声音。

2. 车门限位器的分类

根据限位臂的型式不同,车门限位器分为冲压限位器、包塑限位器和其他结构的限位器,如图 1.4.1 所示。

图 1.4.1　车门限位器

(a) 冲压限位器;(b) 包塑限位器;(c) 其他结构的限位器

3. 车门限位器的结构

车门限位器主要由安装支架、限位盒、限位臂、橡胶缓冲块等组成,如图 1.4.2 所示。安装支架和限位臂铆接且能平稳自由旋转。

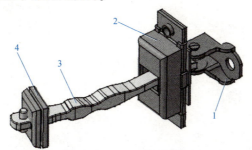

图 1.4.2　限位器结构

1—安装支架;2—限位盒;3—限位臂;4—橡胶缓冲块

【任务操作】

仪器、工具和材料

码 1.4.1　检查车门限位器

仪器	工具	材料
—	抹布、吸油纸	润滑脂

（1）打开车门，查看并评估限位器。
（2）清洁止动器尘土等。
（3）使用高熔点 G000150 润滑脂润滑止动器，如图 1.4.3 所示。
（4）反复开关车门几次，保证润滑充分。

图 1.4.3　限位器涂抹润滑脂

学习任务 5　保养周期复位

【学习情境描述】

对保养周期进行复位，以便仪表准确提示驾驶员下次保养的里程与时间。

【任务技能】

(1) 通过仪表进行保养周期复位；
(2) 通过诊断仪进行保养周期复位。

【知识必备】

(1) 保养周期提示灯是用来提醒驾驶员按照汽车生产厂商规定的保养周期进行汽车的维护与保养的。一般在仪表"服务"功能中显示保养即将到期、立即保养和保养超期。保养到期后，打开点火开关，仪表会发出提示，仪表上出现"扳手"图标。

(2) 汽车保养后，一般要对保养周期进行复位，通常手动完成，也可以通过诊断仪进行操作。

(3) 汽车在使用过程中，应按照汽车生产厂商规定的保养周期进行定期保养，确保车辆处于良好状态。

(4) 保养周期是指汽车根据行驶里程或者年限进行维护保养，见表 1.5.1。

表 1.5.1　汽车保养周期表

周期\项目	机油滤清器	空气滤清器	汽油滤清器	空调滤清器	转向助力油	变速箱油	制动油	火花塞
5 000	●	○	○	○	电子助力无须更换	○	○	○
10 000	●	○	○	○		○	○	○
20 000	●	●	○	●		○	○	●
30 000	●	○	●	○		○	○	○
40 000	●	●	○	●		○	○	●
50 000	●	○	○	○		○	○	○
60 000	●	●	●	●		●	●	●

【任务操作】

仪器、工具和材料

码1.5.1 保养周期复位

仪器	工具	材料
诊断仪	无	—

(1) 利用手动模式操作（图1.5.1）如下：
①在点火开关关闭的情况下，按下按键3；
②打开点火开关；
③松开按键3，按下时钟停止键1一次；
④按压时钟的分钟调整，显示屏恢复为常规显示状态。
(2) 多功能转向盘采用手动复位，方法（图1.5.2）如下：
①利用多功能转向盘调整仪表，先选择"设置"；

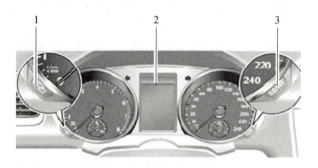

图1.5.1 手动模式操作
1—时钟键；2—显示屏；3—调节键

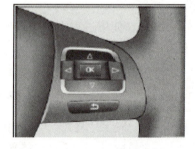

图1.5.2 多功能转向盘操作

②进入"保养日志"；
③单击"重设"；
④最后确认"OK"。
(3) 使用诊断仪进行保养周期复位，其操作步骤如下：
①进入仪表17-10-02-00000复位；
②进入功能导航，依次选择品牌—车型—年款—发动机型号—仪表板—保养周期复位。

学习任务 6　检查安全气囊系统和安全带

【学习情境描述】

通过对安全气囊与安全带的检查，使安全气囊及安全带始终处于良好状态，确保在发生意外时，气囊和安全带能对乘员起到有效的保护作用。

【任务技能】

（1）正确检查安全带功能；
（2）检查安全气囊是否有划伤。

【知识必备】

1. 汽车安全带作用

汽车安全带是为了在碰撞时对乘员进行约束以及避免碰撞时乘员与转向盘及仪表板等发生二次碰撞或避免碰撞时冲出车外导致死伤的安全装置。汽车安全带又称为座椅安全带，是对乘员约束装置的一种。汽车安全带是公认的最廉价的，也是最有效的安全装置，很多国家在车辆的装备中是强制装备安全带的。

2. 汽车安全带组成

（1）织带：用尼龙或聚酯等合成纤维织成的宽约 50 mm、厚约 1.2 mm 的带，根据不同的用途，通过编织方法及热处理来达到安全带所要求的强度、伸长率等特性。它也是吸收冲击能量的部分。

（2）卷收器：根据乘员的坐姿、身材等来调节安全带长度，不使用时收卷织带的装置。

（3）固定机构：包括带扣、锁舌、固定销和固定座等。带扣及锁舌是系紧和解开座椅安全带的装置；车身固定端称为固定座；肩部安全带固定销的位置一般都选用可调节式固定机构，能够上下调节肩部安全带的位置。

3. 汽车安全带位置图

图 1.6.1 所示为汽车安全带位置图。

4. 安全气囊

安全气囊系统是一种被动安全性的保护系统，它与座椅安全带配合使用，可以为乘员提供有效的防撞保护。在汽车相撞时，汽车安全气囊可使头部受伤率减少 25%，面部受伤率减少 80% 左右。

5. 安全气囊的组成

安全气囊主要由安全气囊传感器、防撞安全气囊及电子控制装置等组成。

6. 安全气囊位置

图 1.6.2 所示（因车型和年款不同，气囊及其传感器装备会不同）为安全气囊位置图。

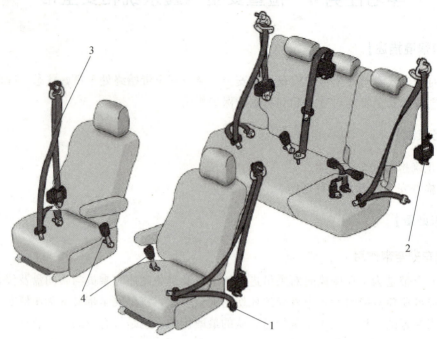

图 1.6.1　汽车安全带位置图

1—内侧带扣（地板）；2—卷收器；3—三点式汽车安全带；4—内侧带扣（座椅）

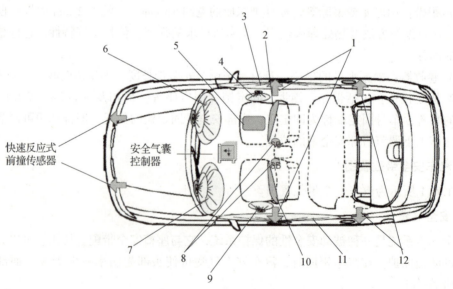

图 1.6.2　安全气囊位置图

1—侧撞传感器（气压式）；2，10—爆炸式安全带张紧器；3—头部气帘（右）；4—侧气囊（右）；
5—PODS 副司机座椅占用识别系统；6—安全气囊（副司机）；7—司机安全气囊；
8—安全带开关；9—侧气囊（左）；11—头部气帘（左）；12—侧撞传感器（后）

【任务操作】

 仪器、工具和材料

码 1.6.1　检查安全气囊系统和安全带

仪器	工具	材料
—	—	—

（1）检查安全带（高度调节、收紧、按键式锁扣）功能是否正常；

（2）检查安全带表面（图 1.6.3）是否有老化、损坏的地方，如安全带、带扣、锁舌、固定点；

图 1.6.3　检查安全带表面

（3）检查驾驶员及乘员侧安全气囊表面是否有划伤或裂纹；

（4）检查侧气囊及气帘表面是否损坏，如转向盘安全气囊、副驾驶安全气囊位置（图 1.6.4）；

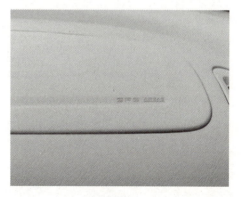

图 1.6.4　转向盘安全气囊、副驾驶安全气囊位置

（5）检查乘员侧安全气囊锁（图 1.6.5）是否关闭（如关闭，必须询问客户是否知情并记录签字）；

（6）检查气囊警报灯状态是否正常。

图1.6.5　安全气囊锁

学习任务 7　检查天窗

【学习情境描述】

检查、清洁与润滑天窗滑轨；检查、疏通排水管。

【任务技能】

（1）正确润滑天窗轨道；
（2）检查天窗功能。

【知识必备】

1. 天窗的分类

（1）内藏式天窗。

内藏式天窗（图 1.7.1）指的是滑动总成置于内饰与车顶之间的天窗，其优点是天窗开口大，外形简洁美观。大部分轿车都采用内藏式天窗。

图 1.7.1　内藏式天窗

（2）外掀式天窗。

外掀式天窗（图 1.7.2）具有体积小、结构简单等优点。有的汽车天窗安装于车顶，能够有效地使车内空气流通，增加新鲜空气的进入，为车主带来健康、舒适的享受。同时，汽车天窗也可以开阔视野，也常用于移动摄影、摄像的拍摄需求。

（3）全景天窗。

汽车全景天窗（图 1.7.3）实际上是相对普通天窗而言的。一般来说，全景天窗面积较大，甚至是整块玻璃的车顶，坐在车中可以将上方的景象一览无余。全景天窗的优点是视野开阔，通风良好。

图 1.7.2　外掀式天窗

图 1.7.3　全景天窗

2. 天窗初始化方法

（1）装备 MD2 电动机的天窗初始化方法如下：

①先强制关闭天窗，之后取下顶灯盖板并断开电动机线束插头，等待 10 s 后再接上线束插头；

②将开关由关闭位置旋向开启位置约 15°，再迅速旋回到关闭位置，听见电动机有"咯哒"的响声后，按住开关按钮，此时天窗将自动完成一个循环的运行，一个自动循环完成后则表明天窗初始化完成。之后关闭点火开关 5~7 s，天窗记忆完成。

（2）装有 MD4 电动机的天窗初始化方法如下：

按住开关，等待 25~30 s，天窗起翘最大化。玻璃会抖动一下，这时松开并再次按住开关，此时天窗将下落、开启、关闭一个自动循环，天窗初始化完成。

（3）CC、新速腾通过 LIN 线控制，使用诊断仪进入控制单元地址码 4F 进行天窗初始化。

【任务操作】

仪器、工具和材料

码 1.7.1　检查天窗

仪器	工具	材料
—	无纺布（带乙醇）	—

（1）检查天窗前后开启功能是否正常，如运动是否顺畅、是否有异响（图1.7.4）；

图 1.7.4　天窗开启

（2）检查天窗翘起功能是否正常，如运动是否顺畅、是否有异响；
（3）检查开关强制关闭功能是否正常；
（4）检查用遥控器关闭天窗功能是否正常；
（5）检查天窗排水管是否堵塞；
（6）清洁天窗轨道（清除轨道异物，然后用带乙醇的无纺布清洁轨道）；
（7）用天窗专用润滑脂润滑天窗轨道，反复开关运行天窗几次，使润滑更充分。

随堂操作笔记:

学习任务 8　检查及更换空调滤清器

【学习情境描述】

通过定期检查，清洁空调滤清器壳体，更换空调滤清器，保证车内始终吸入清洁的空气。

【任务技能】

（1）能够判定空调滤清器状态；
（2）能够正确更换空调滤清器。

【知识必备】

1. 空调滤清器分类

空调滤清器滤芯可分为有活性炭过滤功能与没有活性炭过滤功能两种。具有活性炭过滤功能的滤芯表面呈轻微黑色，没有活性炭过滤功能的滤芯为白色，如图 1.8.1 所示。

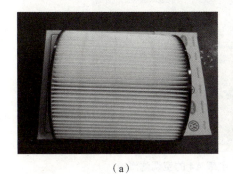
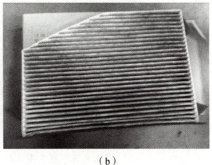

（a）　　　　　　　　　　　　　　（b）

图 1.8.1　空气滤清器
（a）不带活性炭；（b）带活性炭

2. 空调滤清器保养方法

（1）为预防空气潮湿导致空调系统发霉，应及时使用自然风或暖风，使空调系统保持相对干燥；
（2）定期更换空调滤芯；
（3）尽量避免在车内吸烟。

【任务操作】

 仪器、工具和材料

码 1.8.1　检查及更换空调滤清器

仪器	工具	材料
吸尘器	抹布等	空调滤清器

（1）拆下旧的空调滤清器。图1.8.2所示为捷达轿车空调滤清器；图1.8.3所示为高尔夫A4、宝来A4的空调滤清器；图1.8.4所示为迈腾、CC、速腾等车型的空调滤清器。

图1.8.2　捷达轿车空调滤清器

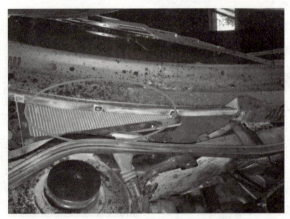

图1.8.3　高尔夫A4、宝来A4的空调滤清器

图1.8.4　迈腾、CC、速腾等车型的空调滤清器

（2）检查空调滤清器状态，如脏污或潮湿发霉后仍需使用，不可以用吹枪吹，只能轻轻拍打。

（3）用吸尘器吸附壳体内的灰尘等。

（4）安装新的（或可继续使用的）空调滤清器。

习　题　1

1. 选择题

1）（单项选择）关于诊断仪使用说法正确的是（　　）。
A. 连接诊断仪之前要打开点火开关
B. 连接诊断仪之前必须关闭点火开关
C. 没有先后顺序
D. A、B 和 C 的说法都不正确

2）（单项选择）目测检查发动机机舱时不需要检查的项目是（　　）。
A. 制动液是否泄漏　　　　　　　　B. 转向助力油是否泄漏
C. 管路是否有干涉　　　　　　　　D. 冷却液是否有泄漏

3）（单项选择）关于刮水器喷水开关说法不正确的是（　　）。
A. 拉住刮水器喷水开关时，刮水器也工作
B. 拉住喷水开关超过 1.5 s，大灯清洗就工作
C. 操作刮水器开关能实现雨刮服务位置
D. 刮水器开关有间歇挡

4）（单项选择）关于润滑车门止动器说法错误的是（　　）。
A. 通过润滑可以减少摩擦噪声　　　B. 通过润滑可以减少磨损
C. 必须使用专用润滑脂　　　　　　D. 可以使用机油润滑

5）（单项选择）关于保养周期复位说法错误的是（　　）。
A. 每次保养完都需要对保养周期进行复位
B. 可以使用仪器进行保养周期复位
C. 可以使用手动进行保养周期复位
D. 保养后，仪表会自动完成周期复位

6）（单项选择）保养时，关于安全带的检查说法不正确的是（　　）。
A. 检查安全带高度调整功能是否正常
B. 检查安全带锁紧装置是否正常
C. 检查安全带表面是否老化或腐蚀
D. 测量安全带能承受的拉力

7）（单项选择）保养时，关于天窗检查项目描述不正确的有（　　）。
A. 清洁并润滑轨道　　　　　　　　B. 必须使用专用润滑脂
C. 检查天窗排水管是否堵塞　　　　D. 进行天窗初始化

2. 简答题

1）简述冰点测试仪的校准及使用方法。
2）保养周期复位有几种方式？

随堂操作笔记：

项目 2
电气维护篇

学习任务 1　检查蓄电池

【学习情境描述】

通过电眼颜色或对蓄电池静态电压的检测，评估蓄电池状态，减少车辆抛锚的风险。

【任务技能】

（1）用万用表对蓄电池进行检测；
（2）评估蓄电池状态，减少车辆抛锚风险；
（3）检查并更换蓄电池。

【知识必备】

1. 蓄电池标识

蓄电池（又称"电瓶"）是一种可逆的低压直流电源，既能将化学能转换成电能提供给外电路，也能将电能转换成化学能储存起来。图 2.1.1 所示为蓄电池标识。

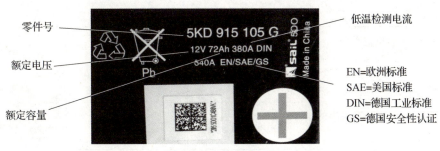

图 2.1.1　蓄电池标识

其中 72 Ah 及 380 A 的标识含义如下。

72 Ah：蓄电池容量为 72 A·h，温度为 20 ℃，电流为 3.60 A，放电 20 h 后电瓶电压不低于 10.5 V。（遵照德国 DIN 标准）［72/20 = 3.60（A）］

380 A：在电流为 380 A 时，根据德国标准执行耐低温试验，在 -18 ℃ 时，放电 30 s，电瓶电压不低于 9 V。（遵照德国 DIN 标准）

2. 蓄电池电眼颜色（只针对带有电眼的蓄电池）

（1）蓄电池有三色电眼，如图 2.1.2 所示。

绿色：
充电状态良好，>65%，蓄电池状态正常

黑色：
充电状态不佳，<65%，需要给蓄电池充电

黄色至无色：
电解液液面过低，需要更换蓄电池

 可看到浮子
 可看到浮子框
 可看到电解液

图 2.1.2　三色电眼

（2）大众蓝驱车辆采用带双色电眼的 EFB 蓄电池，如图 2.1.3 所示。

液位充足，
但无法确定充电状态

电解液不足，需要
更换蓄电池

图 2.1.3　双色电眼

3. EFB 蓄电池

EFB 蓄电池可称为改进版的湿式蓄电池。在传统的湿式蓄电池无法满足需要的情况下，针对特殊装备使用 EFB 蓄电池，从而避免使用价格更高的 AGM 蓄电池。常用三种蓄电池的区别见表 2.1.1。

表 2.1.1　常用三种蓄电池的区别

蓄电池类型 特性	标准蓄电池	EFB	AGM
循环寿命	正常	高于标准蓄电池	高于 EFB
壳体受损时防止电解液溢出的安全性	未给出	未给出	极高
冷起动特性	好	好	好
自放电	正常	正常	正常
深度放电稳定性	好	好	好
高温环境下的耐热性	好	好	低于标准蓄电池
极层稳定性	正常	高于标准蓄电池	高于 EFB

【任务操作】

 仪器、工具和材料

码 2.1　蓄电池的检测

仪器	工具	材料
数字万用表、充电机、蓄电池检测仪	常用扳手、十字螺丝刀、一字螺丝刀	—

（1）蓄电池固定螺栓的检查。

使用力矩扳手及套筒扳手检查蓄电池固定螺栓的力矩是否符合标准。蓄电池固定螺栓如图 2.1.4 所示。蓄电池固定螺栓力矩要求见表 2.1.2。

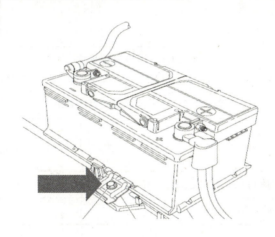

图 2.1.4　蓄电池固定螺栓

表 2.1.2　蓄电池固定螺栓力矩要求

车　型	蓄电池固定螺栓力矩/(N·m)
捷达、宝来 A4、高尔夫 A4	22
新宝来、高尔夫 A6、速腾、新速腾、迈腾 B6、迈腾 B7L	20
CC	35
高尔夫 A7	15

注意：如果蓄电池安装不牢固，可能会产生以下危险。
①由于振荡造成蓄电池损坏（爆炸危险），进而缩短蓄电池的使用寿命。
②未按规定固定蓄电池会导致蓄电池栅格板损坏。
③由紧固卡箍/固定板导致的蓄电池壳体损坏（可能出现酸液泄漏，后果严重）。
④碰撞安全性存在缺陷。

(2)蓄电池端子接线柱固定检查。

检查端子接线柱固定螺栓是否松动,如松动则以标准力矩拧紧。蓄电池接线柱如图 2.1.5 所示。蓄电池接线柱力矩要求见表 2.1.3。

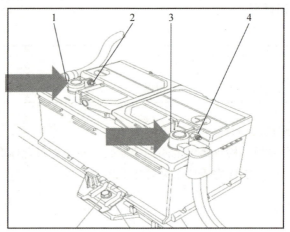

图 2.1.5　蓄电池接线柱

1—蓄电池负极接线;2—蓄电池负极接线螺母;3—蓄电池正极接线;4—蓄电池正极接线螺母

表 2.1.3　蓄电池接线柱力矩要求

车　型	蓄电池接线柱力矩/(N·m)
捷达、宝来 A4、高尔夫 A4	5
新宝来、高尔夫 A6、新速腾、迈腾 B7L、CC、高尔夫 A7	6
速腾、迈腾 B6	9

(3)蓄电池的外观检查。

检查蓄电池壳体有无损伤、裂纹以及是否存在漏液情况,如果有上述情况,应更换蓄电池。

(4)用数字式万用表检测蓄电池静态电压。

用数字式万用表检测时,选择 20 V 直流电压挡,红黑表笔分别与蓄电池的正负极柱接触,检测蓄电池的静态电压,如果静态电压大于等于 12.5 V 则蓄电池正常,如果静态电压小于 12.5 V 则需要给蓄电池充电。

(5)用 V.A.G 1526B 蓄电池检测仪检测蓄电池静态电压。

用 V.A.G 1526B 蓄电池检测仪(图 2.1.6)检测时,标准测试条件如下:

①关闭点火开关并断开所有使用电器,拔出点火钥匙;

②断开蓄电池负极接线端;

③至少等待 2 h。在这个时间段内对蓄电池既不能进行充电也不能放电操作。

图 2.1.6　V.A.G 1526B 蓄电池检测仪

如果测得的静态电压大于等于 12.5 V,则该蓄电池正常;

如果测得的静态电压小于 12.5 V，则需要给蓄电池充电；如果充电后蓄电池的静态电压仍然小于 12.5 V，则需要更换蓄电池。

注意事项：

①在对蓄电池充电操作时必须在通风良好的环境中进行。

②在拆卸蓄电池时，必须先断开蓄电池负极接线柱，否则有短路烧伤的风险。（例如：某维修技师使用金属工具时未按照操作规范先断开蓄电池负极，而是先断开正极，结果金属工具与车身出现短路，产生巨大电流，导致维修技师手部被严重电击烧伤）。

③在对蓄电池进行充放电操作时，必须由经过专业培训的技术人员执行。

④在对蓄电池进行充电操作时，必须先连接正极接线柱，后连接负极接线柱。

⑤如果电解液从蓄电池中流出，会造成皮肤损伤。电解液具有腐蚀性，故使用时应注意有损伤车辆油漆和部件的风险。

⑥绝不要对已发生冻结的蓄电池采取启动辅助措施，有爆炸的危险！此时，务必更换蓄电池。

随堂操作笔记：

学习任务 2　检查车辆内部照明和信号装置

【学习情境描述】

通过对车辆内部所有照明和信号装置的检查，及时发现不能正常工作的部件，及时修理，排除车辆潜在的故障。

【任务技能】

（1）识别车辆内部所有开关位置及功能；
（2）检查车辆内部所有照明灯功能，确保其始终处于正常工作状态；
（3）检查车内所有开关功能，确保各开关始终处于正常工作状态。

【知识必备】

1. 车辆内部照明系统

汽车照明系统是汽车夜间行驶必不可少的照明设备，为了提高汽车的行驶速度，确保夜间行车的安全，汽车上装有多种照明设备，用于夜间行车照明、车厢照明及检修照明。按照安装位置和用途的不同，汽车照明系统可分为车内照明系统和车外照明系统两大部分。其中，车内照明系统指顶灯、仪表灯、行李舱灯等，分别用于夜间车内、观察仪表和取放行李物品的照明；车外照明系统主要为本车驾驶者提供路面照明，也可起到信号的作用。

2. 信号装置

为了使汽车驾驶员及时获取汽车各系统工作状态的信息，在汽车驾驶员易于观察的转向盘前方台板上都装有仪表、报警指示灯及电子装置；在中控台上装有很多驾驶辅助电子装置，见图2.2.1 中控台上开关。

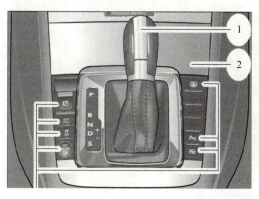 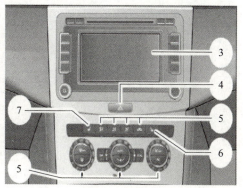

图 2.2.1　中控台上开关

1—换挡操纵杆；2—储物箱；3—收音机或导航系统；4—危险警报灯按钮；
5—空调系统；6—右前座椅加热器操控元件；7—左前座椅加热器操控元件

为了警示汽车、发动机或某一系统处于不良或特殊状态,引起汽车驾驶员的注意,保证汽车可靠地工作和安全行驶,防止事故发生,在仪表板上还装有多种报警信号装置。常见的有发动机温度警告灯、ABS警告灯、安全带警告灯、转向信号指示灯、发动机机油压力警告灯、充电警告灯、远光信号指示灯、车门关闭警告灯、故障警告灯等,见图2.2.2中转向柱上及仪表板上开关。还有一些舒适性控制开关,安装在车门上,见图2.2.3中左前门开关。

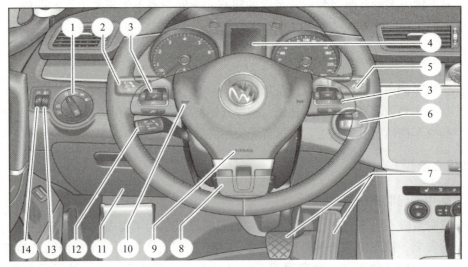

图2.2.2 转向柱上及仪表板上开关

1—车灯开关;2—远光操纵杆;3—多功能转向盘上的操控元件;4—组合仪表;
5—风窗刮水器和清洗器操纵杆;6—点火开关;7—踏板;8—可调式转向柱调整手柄;
9—驾驶员正面安全气囊;10—喇叭(点火开关打开起作用);11—杂物箱;
12—巡航控制系统开关;13—前照灯照明范围调整旋钮;14—仪表和开关照明亮度调节旋钮

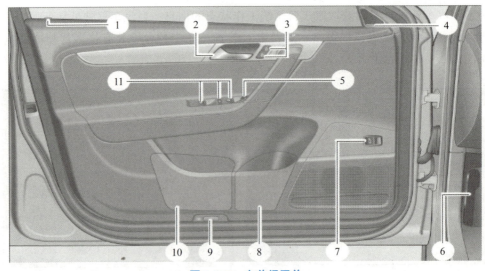

图2.2.3 左前门开关

1—防盗警报系统或锁止机构警报灯;2—车门开启拉手;3—中央门锁按钮;4—丹拿音响标志;
5—车外后视镜调整开关;6—发动机舱盖锁开启手柄;7—行李舱盖锁开启按钮;
8—车门开启警示/照地灯;9—杯架;10—储物舱或发光警示马甲存放舱;11—电动门窗操作按钮

3. 仪表指示灯内部符号

仪表指示灯内部符号见表 2.2.1。

表 2.2.1 仪表指示灯内部符号

符号	含义
	电子驻车制动器处于打开状态，制动液液位过低或制动系统发生故障
	发动机冷却系统存在故障
	发动机机油压力过低
	转向机构存在故障
	施加制动！预碰撞安全系统（如大众 Front Assist 系统）发出撞车警报
	驾驶员或前排乘员未系安全带
	施加脚制动
	发电机发生故障
	DSG7 挡双离合器变速箱过热
	制动衬块过度磨损
	点亮：ESP 发生故障或因系统原因关闭 闪亮：ESP/TCS 处于正常工作状态
	ESP 已手动关闭
	ABS 发生故障或工作不正常
	电子驻车制动器存在故障

续表

符号	含义
(后雾灯符号)	后雾灯处于打开状态
(前雾灯符号)	前雾灯处于打开状态
(照明故障符号)	点亮：轿车照明系统部分或全部不工作 闪亮：转弯照明系统存在故障
(发动机符号)	排气系统发生故障
EPC	发动机管理系统存在故障
(风窗清洗符号)	风窗清洗液液位过低
(燃油符号)	燃油箱内几乎无燃油
(机油符号)	闪亮：发动机润滑系统存在故障 点亮：发动机机油油位过低
(安全气囊符号)	安全气囊和安全带张紧系统存在故障
⇐ ⇒	打开左侧或右侧转向信号灯。危险警报灯处于打开状态
(巡航控制符号)	巡航控制系统正在控制车速、自适应巡航系统（ACC）处于打开状态
(远光灯符号)	前照灯远光处于打开状态或正在操控前照灯闪光器
(扳手符号)	保养周期显示器

【任务操作】

仪器、工具和材料

码 2.2　车辆内部照明和信号装置的检查

仪器	工具	材料
—	车辆内防护	—

（1）安装车辆内防护（图 2.2.4）。

图 2.2.4　车辆内防护

（2）检查车辆内部照明、开关和信号装置。

检查车内所有开关、车内照明、用电器、显示器和仪表各警报指示灯的功能，并保持实训车辆整洁完整，不得损坏，见图 2.2.5 车辆内部照明、开关和信号装置。

图 2.2.5　车辆内部照明、开关和信号装置

1—排气系统故障警报灯；2—发电机故障警报灯；3—转向信号指示灯；4—冷却液温度/液位警报灯；
5—制动衬块磨损警报灯；6—风窗清洗液液位警报灯；7—燃油储量不足警报灯；8—ABS 故障警报灯；
9—远光指示灯；10—后雾灯指示灯；11—机油压力警报灯；
12—发动机机油油位警报灯；13—未系安全带警报灯；14—制动系统警报灯

①检查左前门所有开关工作是否正常；
②检查转向柱上所有开关工作是否正常；
③检查仪表板及中控台所有开关及所有警报灯工作是否正常；
④检查顶棚上所有开关工作是否正常；
⑤检查右前门所有开关工作是否正常；
⑥检查后排所有开关工作是否正常。

学习任务 3　检查车辆外部照明和信号装置

【学习情境描述】

检查车辆前部、后部所有灯光状态和功能，保证行车安全。

【任务技能】

（1）识别车辆前部、后部灯光功能作用；
（2）熟练掌握双人操作检查灯光手势图，确保各照明和信号系统处于良好状态，确保行车安全。

【知识必备】

1. 车辆外部照明系统

车辆外部照明系统指前照灯、雾灯和牌照灯。车辆外部照明系统（除牌照灯外）的主要作用是为本车驾驶者提供路面照明，在一定情况下也可以起信号作用，如超车时远近光交替以提示对方注意。车辆外部照明系统是行车安全的关键部件，属于强制性检验的灯光，而前照灯在所有的照明设备中具有特殊的光学性质，其照明效果直接关系着夜间行车的安全。车辆外部的及时维护十分重要，因为这不仅影响行车的舒适性，而且还直接关系到行车的安全性。通常情况下驾驶员自己很难意识到前照灯、后灯、转向灯或刹车灯是否仍在正常工作。

2. 车辆外部灯光检查

车辆外部灯光检查手势动作详解见表 2.3.1。

表 2.3.1　车辆外部灯光检查手势动作详解

检查项目	手势说明	手势图
检查示宽灯（前部）	两臂向前平伸，双手握拳，拇指相对伸出	
检查近光灯（前部）	两臂向前平伸，两手掌手指向上，握紧拳头、弹开，握拳	

续表

检查项目	手势说明	手势图
检查远光灯（前部）	大臂平伸，小臂向上，手心朝向面部，前后摆动2次	
检查远、近光灯变换（前部）	两臂向前平伸，两手掌手指向上，翻转手掌，拉向面部	
检查右转向灯（前部）	右臂向正前方平伸；右手掌手指向上伸直；左臂向左平伸；左手握拳—弹开—握拳—弹开	
检查左转向灯（前部）	左臂向正前方平伸；左手掌手指向上伸直；右臂向右平伸；右手握拳—弹开—握拳—弹开	
检查危险警报灯（前部）	两臂向身体两侧平伸，两手握拳—弹开—握拳—弹开	
检查雾灯（前部）	两臂向前平伸，双手握拳，拇指向下伸出	
检查示宽灯、牌照灯（后部）	两臂向前平伸，双手握拳，拇指相对伸出	

续表

检查项目	手势说明	手势图
检查制动灯（后部）	两臂向前平伸，两手掌手指向上，握紧拳头、弹开、握拳	
检查倒车灯（后部）	大臂平伸，小臂向上，手心朝向面部，前后摆动2次	
检查右转向灯（后部）	右臂向正前方平伸；右手掌手指向上伸直；左臂向左平伸；左手握拳—弹开—握拳—弹开	
检查左转向灯（后部）	左臂向正前方平伸；左手掌手指向上伸直；右臂向右平伸；右手握拳—弹开—握拳—弹开	
检查危险警报灯（后部）	两臂向身体两侧平伸，两手握拳—弹开—握拳—弹开	
检查雾灯（后部）	两臂向前平伸，双手握拳，拇指向下伸出	

3. 检查车辆外部照明系统的注意事项

（1）站立姿势和做手势时，要求自然端正。

（2）站立位置适当，以能让车内人员看清手势，车外人员能够准确检查灯光为基准。

（3）做手势节奏速度适当，以能让车内人员准确操作灯光开关为基准。

（4）车内人员按照指挥手势操作，检查完毕后要将灯光恢复到车辆原始状态，切勿忘记关闭灯光开关。

【任务操作】

仪器、工具和材料

码 2.3 车辆外部照明和信号装置的检测

仪器	工具、防护	材料
—	车辆内防护	—

检查车辆外部照明和信号装置操作如下。

两个人配合检查前照灯、转向灯、示宽灯、制动灯等灯光装置。检查时，打开灯光开关，依次检查全车各部位的灯光；踩下制动踏板查看制动灯情况。发现不亮现象应予以排除。常见的灯光不亮故障为灯泡烧毁或熔断器烧断所致，更换灯泡或熔断器即可排除故障。

（1）车灯外观检查。

①检查前侧灯光、后侧灯光的灯罩是否变色、损伤及破损；同时检查灯内是否有污物或者水进入。

②用手检查车灯是否松动，安装是否牢靠。

（2）前部灯光检查（将换挡杆置于 P 挡，起动发动机）。

①将灯光控制开关旋动一挡，然后检查示宽灯是否点亮。

②将灯光控制开关旋动两挡后，检查近光灯是否点亮。

③将灯光控制开关置于近光灯位置然后将变光器开关向前推，检查远光灯是否亮起。

④向上移动信号转换开关，检查右前转信号灯是否正常工作，同时转动转向盘，检查信号转换开关回位情况。

⑤向下移动信号转换开关，检查左前转信号灯是否正常工作，同时转动转向盘，检查信号转换开关回位情况。

⑥将信号转换开关拨至中间，转向信号灯停止工作。按下危险警告灯开关，检查前危险警告灯是否工作。

⑦打开前雾灯开关，检查前雾灯是否点亮。

（3）后部灯光检查（将换挡杆置于 P 挡，起动发动机）。

①将灯光控制开关旋动一挡，然后检查后示宽灯和牌照灯是否点亮。

②向上移动信号转换开关，检查右后转信号灯是否正常工作，同时转动转向盘，检查信号转换开关回位情况。

③向下移动信号转换开关，检查左后转信号灯是否正常工作，同时转动转向盘，检查信号转换开关回位情况。

④将信号转换开关拨至中间，转向信号灯停止工作。按下危险警告灯开关，检查后危险警告灯是否工作。

⑤打开后雾灯开关，检查后雾灯是否点亮。

⑥踩下制动踏板，检查制动灯是否点亮。

⑦起动发动机，踩下制动踏板，将换挡杆从 P 挡或空挡挂入 R 挡或倒挡，检查倒车灯是否点亮。

学习任务 4　检查风窗刮水器、风窗清洗器、大灯清洗装置功能

【学习情境描述】

通过对风窗刮水器、风窗清洗器及大灯清洗装置的检查，始终使风窗刮水器、清洗器及大灯处于良好状态，确保行车安全。

【任务技能】

（1）掌握风窗刮水器位置及功能；
（2）掌握风窗清洗器位置及功能；
（3）掌握风窗清洗喷嘴的调整方法；
（4）能够开启大灯清洗装置。

【知识必备】

1. 风窗刮水器的作用

风窗刮水器可以保持挡风玻璃外表面清洁，确保雨雪天气视野清晰和行车安全，是机动车辆不可或缺的部件。风窗刮水器由电动机、减速器、四连杆机构、刮水臂心轴、刮水片总成等部件组成。其中，刮水片是消耗品，其是否正常工作直接影响行车的安全性及驾驶的舒适性，建议定期检查和更换。

2. 风窗清洗器的作用

在汽车挡风玻璃上除了雨水、霜雪外，还经常有泥浆、灰尘及油污等。为了刮洗干净，用洗涤器配合刮水器将污垢洗刷掉。

3. 风窗刮水器使用注意事项

（1）晴天使用刮水器刮除风挡表面的灰尘时，一定要喷洒风窗清洗液，不能干刮。
（2）玻璃上有其他顽固、坚硬的污物，应该手工清理。这些东西很容易使雨刮片受伤，导致雨刮片刮不干净。严重的话，风窗刮水器的电动机也会受到影响。
（3）洗车和日常打扫需抬起刮水片时，要拿刮水片的"脊背"，放时轻轻送回，不可"啪"地一下将刮水片弹回。
（4）冬季使用时，应先清理风挡表面的冰碴，以免加重刮水片的负担。
（5）要正确清洗刮水片，特别是沙粒，会造成刮水片的磨损加剧。
（6）尽量避免高温暴晒，因为刮水片是橡胶材质，长期暴晒会造成变形或失去弹性。
（7）冬季天气比较寒冷，在洗车之后要及时清理刮水片和玻璃上的积水，以免刮水片结冰，无法正常工作。

4. 大灯清洗装置

汽车在夜晚或光线较暗时行驶，雨水和尘埃会将大灯的照明度减少90%，驾驶员的

视线受到严重影响，对行驶安全来说，存在较大的隐患。保障大灯的足够照明并给予驾驶员清晰的视线非常重要。许多国家的法律都做出规定，要求在汽车上必须安装大灯清洗装置。大灯清洗装置是指大灯下方的出水口，它随时可以清洗大灯的灰尘及污垢。

码 2.4　检查风窗刮水器、风窗清洗器、大灯清洗装置功能

【任务操作】

仪器、工具和材料

仪器	工具	材料
风窗清洗器	车辆内防护等	—

（1）检查风窗刮水器的刮水片状态是否正常（是否损坏或老化），如图 2.4.1 所示。

图 2.4.1　检查风窗刮水器

（2）检查风窗清洗器喷洗压力及刮水器的协同工作情况。
①起动发动机。
②把清洗器开关按箭头方向轻轻拨满行程后固定数秒。
③检查清洗液是否喷射有力，喷射点是否在刮水器工作范围内，刮水器是否协同工作。
（3）检查刮水器挡位的工作性能。
①起动发动机。
②把刮水器挡位开关向下方拨，使"—"标记逐一对齐"间歇""低速""高速"挡。
③检查刮水器在不同挡位工作是否正常有效，刮水器电动机运转有无异响，连杆连接是否可靠，刮水片刮水效果是否良好，各挡位工作是否正常有效。
（4）检查刮水器的刮水效果。
①起动发动机。
②刮水器挡位开关往下方拨，使"—"标记逐一对齐"间歇""低速""高速"挡。
③检查刮水器在不同挡位工作时，刮水片刮水效果是否良好，风窗玻璃上有无残留条纹状或波纹状水痕。

(5)检查刮水器的复位功能。

①将刮水器挡位开关往上拨到 OFF（关）位置。

②检查刮水器是否完全复位。要求关闭刮水器开关后，刮水器应能完全回到风窗玻璃下边缘。

注意事项：更换风窗刮水器时，在刮水臂竖起时，要特别注意防止其跌落击碎风挡玻璃，故要用棉布垫在风挡玻璃上。

(6)操作大灯清洗装置开关，检查大灯清洗功能是否正常，如图 2.4.2 所示。

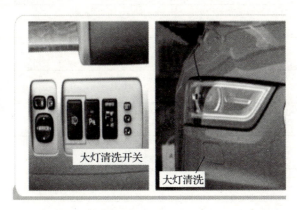

图 2.4.2　检查大灯清洗装置

①检查喷嘴的喷射装置；

②检查喷嘴的喷射位置，如图 2.4.3 所示。

(1) 打开点火开关；

(2) 打开近光灯；

(3) 当刮水器操纵杆保持在"清洗位置"1.5 s 以上时，开始清洗大灯；

(4) 喷束应喷到大灯灯泡正中，参见图 2.4.3；

(5) 如果喷射情况不符合规定，则采取维修措施。

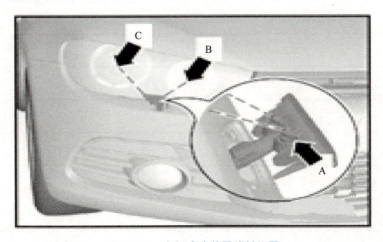

图 2.4.3　大灯清洗装置喷射位置

随堂操作笔记：

学习任务 5　检查、调整前照灯（大灯）光束

【学习情境描述】

通过定期检查大灯光束，确保灯光始终处于良好工作状态，保证行车安全。

【任务技能】

（1）掌握检查大灯光束的条件；
（2）熟练使用灯光测试仪；
（3）能独立调整大灯光束。

【知识必备】

1. 大灯光束调整

大灯光束调整正确与否，将极大地影响行车安全、运输效率和驾驶员的疲劳程度。汽车每行驶 6 000 km 或更换前照灯灯泡时，应对前照灯光束进行调整。通过定期检查大灯光束，确保大灯始终处于良好的工作状态，保证行车安全。图 2.5.1 所示为大众高尔夫大灯光束。

图 2.5.1　大众高尔夫大灯光束

2. 灯光测试仪

机动车前照灯检测仪用于检测机动车前照灯的发光强度及光束照射位置（即光轴偏移量），属于汽车检测设备。图 2.5.2 所示为灯光测试仪 VAS5046，该测试仪采用先进的光学系统结构，可将被检前照灯配光特性显示在仪器屏幕上，方便观察与调整，具有轻巧、安装简便、测量准确度高的特点，可以选配内置打印机，方便打印测量结果。同时，其具备模拟信号和数字信号的联网通讯，功耗低，直接用电池供电工作等特点。

图 2.5.2　灯光测试仪 VAS5046

3. 测量灯范围

（1）近光灯光型（图 2.5.3）。

操作步骤：

①打开近光灯：明暗分界线应水平且与分隔线在整个显示屏上保持基本重合。如不重合，则通过大灯上的调节螺丝进行调节。

②打开远光灯：远光灯的光型中心应与调节仪显示屏上的中心标记重合。如不重合，则通过大灯上的调节螺丝进行调节。

注意：如果远光灯和近光灯使用同一调节螺丝，应再检查近光灯是否已符合要求。

（2）含不对称近光灯光型（图 2.5.4）。

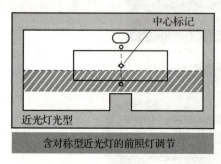

图 2.5.3　近光灯光型

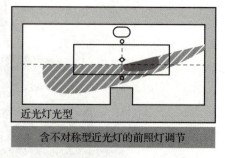

图 2.5.4　含不对称近光灯光型

操作步骤：

①打开近光灯：不对称型近光灯的明暗分界线应与分隔线部分重合，明暗分界线与分隔线成一定角度，角度的顶角必须垂直通过中心标记（显示给分隔线上方的十字）且光束最亮部分应比重合部分更接近中心标记。

②打开远光灯：根据以上指示按照明暗分界线对近光灯进行调节后，远光的光中心就自动对正了显示屏中心。当远光灯的光型中心与中心标记重合后，大灯的明暗分界线就符合道路交通法规的要求了。

注意：

为便于确定尖角位置，可将大灯的外侧半边遮住、揭开反复几次，然后再检测近光灯。

(3) 前雾灯光型（图 2.5.5）。

操作步骤：

打开前雾灯：明暗分界线应为水平且与分隔线在整个显示屏上保持基本重合。如不重合，则通过大灯上的调节螺丝进行调节。

(4) 远光灯光型（图 2.5.6）。

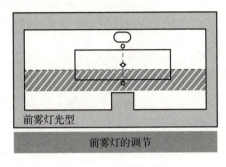 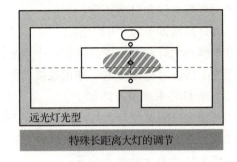

图 2.5.5　前雾灯光型　　　　　　图 2.5.6　远光灯光型

操作步骤：

打开远光灯：光型的中心应正对显示屏的中心（显示屏分隔线中上方的十字）。

注意事项：

对于特殊的远光灯（例如：双氙气前照灯中的远光灯），应该参照其产品说明书确定其正确的光型。

【任务操作】

仪器、工具和材料

码 2.5　检查调整大灯光束

仪器	工具	材料
灯光测试仪	蓄电池充电器、抹布、车辆外防护	维修手册

图 2.5.7 所示为灯光测试仪校准示意图。

图 2.5.7　灯光测试仪校准

(1) 检查大灯的前提条件（在对 LED 大灯进行测量和调整前需要进行车辆检查）如下。

①保证轮胎压力标准（参照相关维修手册）；
②载荷要求：司机座上坐一个人或者放 75 kg 重物、油箱油量在 90% 以上；
③大灯表面要干净、不能破损；
④大灯反光镜和灯泡正常；
⑤大灯高度调节在"0"位；
⑥车辆和大灯调节装置必须在一个水平面上；
⑦为了防止蓄电池亏电，建议连接蓄电池充电器。

(2) 大灯光束调节方法如下。

①调整大灯测试仪与大灯距离保持在 50 cm ± 5 cm；
②调整灯光接收器与车身纵轴线垂直；
③将大灯开关开到近光位置；
④上下调整灯光明暗分界线，如图 2.5.8 所示；
⑤左右调整明暗分界线与倾斜线的交点 2 穿过灯中心；
⑥将大灯开关开到远光位置，检查明亮点是否在灯中心。如明亮点不在灯中心，通过调整实现，调整远光后需再次检查近光；
⑦如远近光不能同时满足要求，更换大灯总成；
⑧在打开远光灯时，测量灯光照射强度，结果应该显示在绿区，否则灯光照射强度不合格。

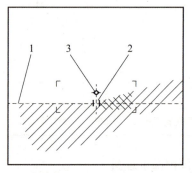

图 2.5.8 灯光明暗分界线

1—明暗分界线；2—左右调整明暗分界线与倾斜线的交点；3—中心标记

习 题 2

1. 选择题

1)（单项选择）用万用表检查蓄电池静态电压时,电压值达到(　　)是正常的。
A. 12.7 V　　　　B. 12.5 V　　　　C. 12.2 V　　　　D. 11.7 V

2)（单项选择）蓝驱车使用的 AGM 或 EFB 蓄电池。与普通蓄电池比较,其优点是(　　)。
A. 更长的使用寿命　　　　　　　　B. 更好的冷启动性能
C. 更佳的深度放电保护　　　　　　D. 完全免维护

3)（单项选择）安装新蓄电池的过程中,若紧固不牢则可能(　　)。
A. 导致安全气囊系统失效或意外引爆　　B. 导致蓄电池壳体损坏,出现酸液泄漏
C. 对车辆无影响,重新紧固即可　　　　D. 导致车辆的用电器因电压不稳而损坏

4)（单项选择）关于蓄电池接线柱连接顺序说法正确的是(　　)。
A. 安装时必须先连接蓄电池负极
B. 断开时,必须先断开蓄电池负极
C. 必须先断开蓄电池正极,以防短路
D. 以上说法都不对

5)（单项选择）转向灯开关除可以开启转向灯外,还可以开启(　　)。
A. 雾灯　　　　　　　　　　　　　B. 驻车灯
C. 危险警告灯　　　　　　　　　　D. 阅读灯

6)（单项选择）大灯开关激活自动行车灯后,(　　)大灯会亮起。
A. 当外界阳光很明亮时　　　　　　B. 当夜间行车时
C. 刚进入隧道时　　　　　　　　　D. 灯会一直亮

7)（单项选择）关于加注风窗清洗液说法错误的是(　　)。
A. 必须常年使用原厂清洗液
B. 必须用蒸馏水配比清洗液
C. 每次保养时必须将清洗液加至罐口
D. 清洗液可以去除蜡类和油类物质

8)（单项选择）关于大灯清洗描述不正确的有(　　)。
A. 大灯清洗装置与风窗清洗共用一个储液罐
B. 清洗大灯时,必须打开大灯
C. 清洗大灯时,需将风窗清洗开关拉住并保持 1.5 s 以上
D. 大灯清洗装置的喷嘴高度可以调整

2. 简答题

如何用数字式万用表检测蓄电池静态电压?

随堂操作笔记：

项目 3
发动机维护篇

学习任务 1　检查冷却液液面高度及防冻能力

【学习情境描述】

通过检查冷却液液面高度和防冻能力，确保冷却液始终对发动机起到有效保护作用，并减少寒冷地区因冷却液冻结而损坏发动机的风险。

【任务技能】

(1) 检查冷却液液面高度；
(2) 检查冷却液的防冻能力。

【知识必备】

冷却液在发动机冷却系统中循环流动，将发动机工作中产生的多余的热能带走，使发动机能以正常工作温度运转。冷却液不足将会使发动机温度过高，从而导致发动机机件的损坏。

1. 冷却液的作用

(1) 防冻。

为了防止汽车在冬季停车后，冷却液结冰而造成散热器、发动机缸体胀裂，要求冷却液的冰点应低于该地区最低温度 10 ℃左右。

(2) 防腐。

腐蚀会逐步破坏冷却系统内的金属表面，严重时可使冷却系统壁面穿孔，引起冷却液漏失，导致发动机损坏。冷却液应该具有防止金属部件腐蚀、防止橡胶件老化的作用。

(3) 防垢。

水垢的形成会大大地降低冷却系统的导热效率，对发动机造成严重损害。冷却液在循环中应尽可能减少水垢的产生，以免堵塞循环管道，影响冷却系统的散热功能。

(4) 防沸（提高沸点）。

发动机的冷却液在较高温度下不沸腾可保证汽车在满载、高负荷、高速条件下或在山区、热带夏季正常行车。

2. 冷却液的分类

现代汽车所用冷却液是指在原来防冻液的基础上再加防沸剂、防锈剂和防垢剂等添加剂，从而具有防结冰、防沸腾、防锈蚀和防水垢等综合作用的冷却媒介，适用于全国全年各种车辆。

冷却液由水、防冻剂、添加剂三部分组成。按防冻剂成分不同可分为乙醇型、甘油型、乙二醇型等类型的冷却液。乙醇型冷却液采用乙醇（俗称酒精）作防冻剂，其价格便宜，流动性好，配制工艺简单，但具有沸点较低、易蒸发损失、冰点易升高、易燃等缺点，现已逐渐被淘汰；甘油型冷却液沸点高、挥发性小、不易着火、无毒、腐蚀性小，但降低冰点效果不佳、成本高、价格昂贵，用户难以接受，只有少数北欧国家仍在使用；乙二醇型冷却液是用乙二醇作防冻剂，并添加少量抗泡沫、防腐蚀等综合添加剂配制而成的。由于乙二醇易溶于水，可以任意配成各种冰点的冷却液，其最低冰点可达 -68 ℃，这种冷却液具有沸点高、泡沫倾向低、黏温性能好、防腐和防垢等特点，是一种较为理想的冷却液。目前国内外发动机所使用的和市场上所出售的冷却液几乎都是乙二醇型冷却液。

冷却液添加剂与蒸馏水的混合比例只能是 40% ~ 60%，见表 3.1.1，否则会影响冷却液性能，且只能用蒸馏水混合，不能用纯净水或自来水替代。

表 3.1.1 混合比例表

混合比例表		
最低防冻温度	冷却液添加剂	蒸馏水
-25 ℃	约 40%	约 60%
-35 ℃	约 50%	约 50%
-40 ℃	约 60%	约 40%

3. 冷却液的选用

正确使用冷却液能够使冷却系统始终处于最佳的工作状态，保证发动机的正常工作温度。如果使用中不注意，将严重影响发动机正常工作性能和寿命。

（1）要坚持常年使用冷却液。对于传统发动机，能够保证发动机正常工作的冷却液温度值为 80 ~ 90 ℃，但对于电控发动机，由于其高转速、高压缩比和高功率的工作特点，其机械负荷及热负荷较大，摩擦热较高，因而对冷却液正常工作温度的要求已提高到 95 ~ 105 ℃。

（2）正确选用冷却液。冷却液的冰点是冷却液的重要指标，选用冷却液时，其冰点要低于环境最低温度 10 ℃ 左右。因此要根据环境温度选择冷却液。

（3）尽量使用同一品牌的冷却液。不同品牌的冷却液的生产配方会有所差异，如果混合使用，多种添加剂之间很可能会发生化学反应，造成添加剂失效。

（4）必须定期更换冷却液。一般两年或每行驶 40 000 km 更换一次冷却液。更换时应放净旧液，将冷却系统清洗干净后，再换上新液。冷却液的有效期多为两年（个别产品会长一些），添加时应确认该产品在有效期内。

【任务操作】

 仪器、工具和材料

码 3.1　冷却液的检查

仪器	工具	材料
车辆外防护、冰点仪	手电筒、软布	维修手册

（1）冷却液液面高度的检查步骤如下。

图 3.1.1 所示为冷却液液位。

图 3.1.1　冷却液液位

冷却液在使用的过程中应定期检查液面高度，一旦发现液面偏低应查找原因并及时补充。

①必须在发动机冷机时检查冷却液液面高度；

②标准是冷却液液位处于"最低标记"与"最高标记"之间；

③冷却液液位过低时，按照混合比（40%～60%）加注缺少量。

（2）冷却液防冻能力的检查步骤如下。

冷却液的冰点是冷却液最重要的指标之一，是冷却液能不能防冻的重要条件。通常使用冰点仪测试冷却液的冰点，据此判断冷却液的防冻能力。图 3.1.2 所示为冰点仪和视窗。

①清洗和校准冰点仪后，擦干棱镜表面；

②用吸管吸取一滴冷却液滴在棱镜表面上；

③合上盖板轻轻按压，将目镜朝向明亮处；

④读取刻度尺上的数值并记录在保养项目单上；

⑤用软布擦干净棱镜，放回包装盒，测试完毕。

（3）打开冷却系统时的安全注意事项如下。

①打开冷却系统时，首先要关闭发动机，且将抹布放在补水壶盖上，小心打开，否则有烫伤的风险；

②散热风扇有随时启动的可能，维修时要与风扇保持安全距离；

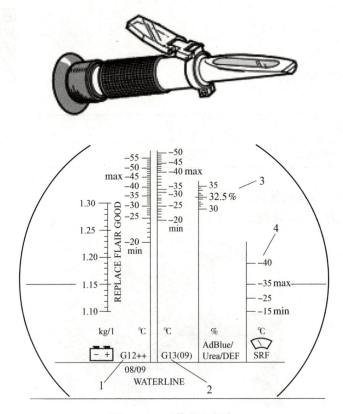

图 3.1.2　冰点仪和视窗

③在选用冷却液时要严格按照发动机使用说明书中的要求选择，不同牌号的冷却液不能混装混用，以免发生化学反应。

学习任务 2　更换发动机机油及机油滤清器

【学习情境描述】

通过定期更换发动机机油及机油滤清器，保证发动机始终在良好的润滑条件下工作，提高发动机的性能并延长发动机的使用寿命。

【任务技能】

（1）能够正确更换机油，使机油始终发挥良好的性能，保护发动机；

（2）能够正确更换机油滤清器，保证发动机始终在良好的润滑条件下工作。

【知识必备】

1. 机油的作用

发动机润滑油的主要作用如下。

（1）润滑作用：润滑油能使金属间的干摩擦变成润滑油层间的液体摩擦，从而在各摩擦表面形成牢固的油膜，减少机件的磨损，保证机件正常运转。

（2）冷却作用：将摩擦产生的热量带走，使机件保持正常的工作温度。

（3）清洗作用：将各摩擦表面的磨屑、杂质、脏物等带走，并把他们送到机油盘中沉淀或由滤清器滤除，使发动机机件表面保持清洁。

（4）密封作用：防止气体、水、灰尘进入，同时也能防止气体泄漏。

（5）防锈作用：利用油膜将水和腐蚀物隔离，避免水和腐蚀物、金属的直接接触，从而防止或减少它们对金属的腐蚀。

（6）减振作用：起到缓和冲击，消除振动的作用。

2. 发动机机油的分类和规格

汽车用机油通常有矿物质油、合成油、植物性机油三类。

机油的黏度等级一般采用国际 SAE 等级划分。SAE 是美国汽车工程师学会（Society of Automotive Engineers）的英文缩写，其等级代表油品的黏度等级。机油又有单级油和多级油之分，如 SAE30、SAE40 为单级油，SAE10W–30、SAE15W–40 为多级油。其中，"W"代表冬季，前面的数字越小说明低温黏度越低，发动机冷起动时的保护能力越好；"W"后面的数字则是机油耐高温性的指标。按 SAE 等级分类机油，冬季用油有 6 种，夏季用油有 4 种，冬夏通用油有 16 种。冬季用油牌号分别为 0W、5W、10W、15W、20W、25W，其中，W 代表冬季，W 前的数字越小，其低温黏度越低，低温流动性越好，适用的最低气温越低；夏季用油牌号分别为 20、30、40、50，数字越大，其黏度越大，适用的最高气温越高；冬夏通用油牌号分别为 5W–20、5W–30、5W–40、5W–50、10W–20、10W–30、10W–40、10W–50、15W–20、15W–30、15W–40、15W–50、20W–20、20W–30、20W–40、20W–50，其中代表冬用部分的数字越小，代表夏季部分的数字越大者黏度越高，适用的气温范围越大。图 3.2.1 所示为润滑油对应图。

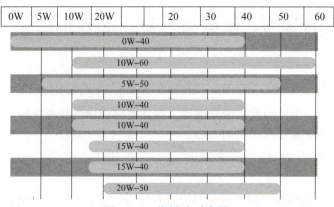

图 3.2.1 润滑油对应图

机油质量的等级按 API 等级划分。API 是美国石油学会（American Petroleum Institute）的英文缩写，其采用简单的代码来描述发动机机油的工作能力。API 发动机油分为两类："S"系列代表汽油发动机用油；"C"系列代表柴油发动机用油。当"S"和"C"两个字母同时存在，则表示此机油为汽柴通用型。如"S"在前，则主要用于汽油发动机。反之，则主要用于柴油发动机。图 3.2.2 所示为机油的质量等级。

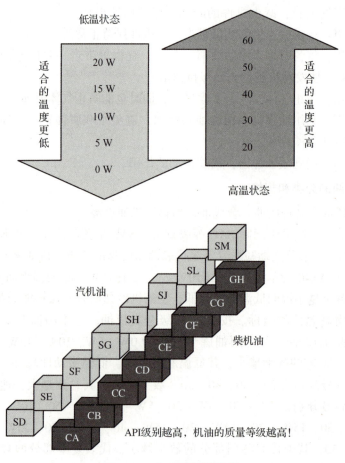

图 3.2.2 机油的质量等级

【任务操作】

仪器设备、工具和材料

码 3.2　机油的检查与更换

仪器设备	工具	材料
举升机、机油接收器	常用扳手、扭矩扳手、机油滤清扳手等	维修手册

（1）检查机油油位的条件和方法如下：
①发动机水温至少为 80 ℃；
②车辆处于水平位置；
③关闭发动机后等待 3 min，以便机油流回油底壳；
④拔出机油尺，用干净的抹布擦净后将机油尺重新插入并推到底；
⑤再次拔出机油标尺并读出机油油位，如图 3.2.3 所示。

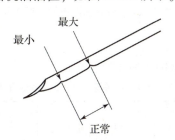

图 3.2.3　机油标尺的读数

（2）熟练更换机油、机油滤清器步骤如下：
①打开机油加注口盖；
②举升车辆，松开放油螺栓，用机油接收器接收旧机油；
③待油底壳内机油全部放干净后，安装新的油底壳放油螺栓，用扭矩扳手按标准力矩拧紧油底壳放油螺栓；
④用机油滤清扳手将旧的机油滤清器拆下（逆时针方向），如果机油滤清器位于发动机上方，则应先更换机油滤清器后排放机油；
⑤清洁机油滤清器支架密封面（取下旧滤清器密封垫）；
⑥将新滤清器上的橡胶密封环稍微用机油润滑一下，以便拧紧时密封环吸附到滤清器上，使密封性更好；
⑦先用手将滤清器安装在机油滤清器支架上并用手预拧紧，然后用机油滤清扳手拧紧，最后用扭矩扳手按标准力矩拧紧，拧紧力矩参照各车型维修手册；
⑧下降车辆，按照加注标准加注新的机油；
⑨拧紧加油口盖，起动发动机运转 2 min，关闭发动机等待 3 min；
⑩检查机油油面（见机油油位检查条件及检查方法）。
图 3.2.4 所示为机油滤清器及拆装工具。

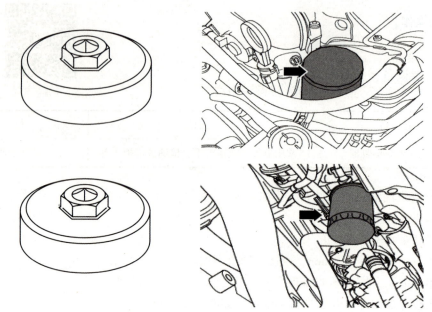

图 3.2.4 机油滤清器及拆装工具

(3) 各车型机油加注量。

表 3.2.1 所示为大众各车型机油加注量标准表。

表 3.2.1 各车型机油加注量标准表

车型	排量	发动机型号	维修手册标准	实际加注量（经销商经验值，仅供参考）
捷达	1.6 2V	ATK	3.8 L	4.0 L
	1.6 5V	AHP	4.5 L	4.3 L
	1.6 2V	BJG	4.7 L	4.5 L
	1.9 SDI	AQM	4.5 L	4.5 L
宝来、高尔夫 A4	1.6 5V	AWB	4.5 L	4.5 L
	1.8 5V	BAF	4.5 L	4.5 L
	1.8T 5V	BAE	4.5 L	4.5 L
	1.9 TDI	ATD	4.3 L	4.3 L
	2.0 2V	APK	4.0 L	4.0 L
	1.6 2V	BJH	4.5 L	4.5 L
新宝来	1.6 2V	BWG	4.5 L	4.3 L
	2.0 2V	CEN	4.5 L	4.0 L
	1.6 4V	CLS	3.7 L	3.4 L
	1.4 TSI	CFB	4.0 L	3.4 L

续表

车型	排量	发动机型号	维修手册标准	实际加注量（经销商经验值，仅供参考）
开迪	1.6 2V	BRY	4.5 L	4.5 L
	2.0 SDI	BDJ	4.3 L	4.3 L
速腾	1.8T T 5V	BPL	4.5 L	4.5 L
	1.6 2V	BWH	4.5 L	4.5 L
	2.0 2V	BJZ	4.0 L	4.0 L
	1.8 TSI	BYJ	5.6 L	4.5 L
	1.4 TSI	CFB	4.0 L	3.4 L
高尔夫 A6	1.6 4V	CLR	3.7 L	3.4 L
	1.4 TSI	CFB	4.0 L	3.4 L
	2.0 TSI	CGM	5.6 L	4.5 L
迈腾	2.0 2V	BJZ	3.5 L	4.0 L
	1.8 TSI	BYJ	5.6 L	4.5 L
	2.0 TSI	CBL		4.5 L
	1.4 TSI	CFB	4.0 L	3.4 L
CC	2.0 TSI	CEA	5.6 L	4.5 L
	1.8 TSI	CGM		4.5 L
B7L	2.0 TSI	CEA	5.6 L	4.5 L
	1.8 TSI	CGM		4.5 L
	3.0 4V	CNGA	6.9 L	6.3 L
	1.4 TSI	CFB	4.0 L	3.4 L

备注：每个车实际加注时可能会有 0.1~0.2 L 的误差；1.6 2 V 指排量为 1.6 L，每缸 2 个气门

随堂操作笔记：

学习任务 3　检查及更换火花塞

【学习情境描述】

定期检查火花塞，及时发现不正常燃烧现象，排除故障隐患。

【任务技能】

（1）检查火花塞，并判断火花塞燃烧状态，早期排除发动机的潜在故障；
（2）能够正确进行火花塞的更换操作。

【知识必备】

1. 火花塞的结构

火花塞的放电部分是中心电极和侧电极，它们之间用高氧化铝陶瓷绝缘体隔开。绝缘体内部的中心导电部分分为三段：上部是金属杆，金属杆的上部制有螺纹，其上拧有接线螺母；中部是膨胀系数与陶瓷绝缘体相差不大的导电玻璃，确保火花塞在各种温度下的密封性；下部是中心电极。陶瓷绝缘体的外面是钢制壳体，有两个铜制的内垫圈，起密封和导热作用。壳体的上部制成六方体，下部制有螺纹，壳体的下端为侧电极。螺纹的上端有密封垫圈。图 3.3.1 所示为火花塞的结构。

图 3.3.1　火花塞的结构

1—陶瓷绝缘体；2—火花塞壳体；3—火花塞密封垫圈；4—中心电极；5—侧电极

2. 火花塞的作用

将点火线圈或磁电机产生的脉冲高压电引入燃烧室，并在其两个电极之间产生电火花。

3. 火花塞的使用与保养

火花塞的使用寿命一般为 15 000～30 000 km。但有些车上使用的火花塞采用特殊材料，使用寿命可达 50 000～100 000 km。

火花塞会因发动机维护不及时或不当而达不到正常使用寿命。如果检查发现火花塞严重烧蚀或损坏，应及时更换。若不及时更换火花塞，火花塞虽能点火，但由于火花塞的烧损会引起点火性能下降，可燃混合气燃烧不完全，使油耗、排放增加，起动困难，加速无力。

4. 火花塞的颜色与燃烧状态

火花塞的颜色与燃烧状态见表 3.3.1。

表 3.3.1 火花塞的颜色与燃烧状态

颜色	燃烧状态		
正常	正常颜色：褐色		
铅附着	外观： 绝缘体底部附着着黄或黄褐色燃渣状的物质	结果： 猛然加速时或高负荷行车时的失火	原因： 使用铅含量高的汽油
碳附着	外观： 绝缘体底部、电极部分覆盖着干燥柔软的黑色碳体	结果： 起动不正确、失火、加速不正确	原因： 短距离反复行车（发动机未预热状态下行车），过浓的混合气体，错过点火时机，火花塞热值过高
过热	外观： 绝缘体底部烤得非常白，并附着着又小又黑的物质。电极消耗得也很快	结果： 高速、高负荷行车时的功率损失	原因： 火花塞装卸不当、发动机的冷却系统不良、过早的点火时期、过低的火花塞热值，及严重的异常燃烧
烧蚀	外观： 中心电极和接地电极熔损或是烧坏。绝缘体底部呈颗粒状，附着着铝类的金属粉末	结果： 发动机损坏，功率损失	原因： 大多是温度过高、火花塞热值过低、点火时机提前
电极消耗	外观： 中心接地电极四角呈圆形，间隙过大	结果： 起动、加速不正确	原因： 不充分的保养（火花塞寿命）
绝缘体破损	外观： 绝缘体底部破损裂缝	结果： 失火	原因： 过度、异常燃烧

【任务操作】

 仪器、工具和材料

码3.3　火花塞的检查与更换

工具、防护	材料
车辆内外防护、常用扳手、塞尺、火花塞套筒、扭矩扳手等	维修手册

（1）火花塞的检查步骤如下：

①检查螺纹是否完好；

②检查陶瓷是否有裂纹；

③检查火花塞间隙，如图3.3.2所示，测量时轻轻拉动塞尺感觉稍有阻力为宜。大众发动机火花塞间隙为0.9~1.1 mm，其他车型请查阅相关手册；

图3.3.2　检测火花塞的间隙

④检查火花塞与点火线圈套接部位是否锈蚀、烧蚀；

⑤根据火花塞电极烧蚀情况，确定火花塞是否可以继续使用，若烧蚀严重则需更换。

（2）火花塞的更换步骤如下：

①用气枪清洁发动机上部；

②拆卸发动机上护罩；

③断开火花塞上的高压线或者点火线圈线束插头；

④用专用工具拆下火花塞，并用干净的抹布遮住火花塞孔；

⑤使用火花塞套筒安装新火花塞，确保使用规定受热程度和尺寸的新火花塞；

⑥查阅维修手册，按规定扭矩拧紧火花塞；

⑦接上火花塞高压线；

⑧起动发动机，观察发动机运转情况；

⑨关闭发动机，安装发动机上护罩。

火花塞的更换步骤如图3.3.3所示。

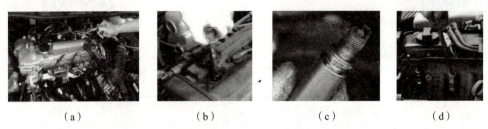

图3.3.3　火花塞的更换步骤
（a）清洁发动机上部；（b）断开高压线；（c）拆卸火花塞；（d）安装新火花塞

学习任务 4　检查及更换空气滤清器

【学习情境描述】

检查空气滤清器状态，视情况清洁和更换空气滤清器，保证发动机进气系统工作正常。

【任务技能】

（1）能够正确清洁空气滤清器，使发动机始终保持进气顺畅；
（2）能够正确更换空气滤清器，减少发动机磨损，提高发动机使用寿命。

【知识必备】

1. 空气滤清器的作用

空气滤清器（图 3.4.1）可以滤除进气空气中的尘土及杂物，保证清洁空气进入发动机。空气滤清器的滤清效率对发动机的磨损和寿命起着决定性的作用。统计显示，机动车和工程机械发动机的早期磨损，70% 均与空气滤清器有关。

空气滤清器的寿命会受到制造质量、使用条件等因素影响，当空气滤清器的滤芯很脏或者破损会导致发动机进气不畅，增加发动机磨损，并引起发动机动力性能下降，燃油经济性变差等诸多问题，所以要按照汽车厂家提供的保养要求进行清洁及更换。

图 3.4.1　空气滤清器
1，3—壳体；2—滤芯

2. 空气滤清器的保养更换周期

难以通过目视来判断空气滤清器的变质程度，所以根据行驶里程和时间长短来清洁或更换滤芯，一般更换周期为每 20 000 km 或 2 年，具体参照不同车型的保养维修手册。当行驶在沙地或尘土飞扬的地区，清洁或更换滤芯的间隔就要变短。

【任务操作】

仪器、工具和材料

码 3.4　空气滤清器的检查与更换

仪器	工具	材料
高压气枪	常用扳手	维修手册

（1）空气滤清器的清洁步骤如下：
①清洁空气滤清器壳体；
②拆开空气滤清器壳体；
③取出滤芯，检查滤芯状态；

④用干净的抹布清除壳体内的灰尘及杂质（注意避免异物进入进气道）；
⑤用压缩空气从滤芯内部向外部吹，将灰尘吹净；
⑥将空气滤清器滤芯按照正确的方向放入壳体，并紧固相应螺栓或卡子；
⑦检查滤清器壳体安装位置是否到位及是否牢固。

清洁空气滤清器的部分步骤如图3.4.2所示。

 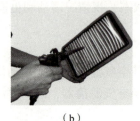

（a） （b）

图3.4.2 清洁空气滤清器的部分步骤
（a）打开壳体；（b）吹净滤芯

（2）空气滤清器的更换步骤如下：
①清洁并拆开空气滤清器外壳体；
②取出空气滤清器旧滤芯；
③用干净的抹布清除壳体内的灰尘及杂质（注意避免异物进入进气道）；
④将新的空气滤清器滤芯按照正确的方向安装到空气滤清器壳体内；
⑤紧固相应螺栓或卡子；
⑥检查滤清器壳体安装位置是否到位以及是否牢固。

学习任务 5　检查排气系统

【学习情境描述】

通过定期检查，及时排除排气管和消声器的泄漏或损坏点，减少噪声及排气排放物的污染。

【任务技能】

能够对排气系统各部件进行检查，及时发现泄漏或损坏点。

【知识必备】

1. 排气系统

直列型发动机在排气行程期间，气缸中的废气经排气门进入排气歧管，再由排气歧管进入排气管、三元催化转换器和消声器，最后由排气尾管排到大气中。这种排气系统称为单排气系统，由排气歧管、三元催化转换器、排气消声器和排气管组成。V 型发动机的两侧各装有一个排气歧管，采用了双排气系统。该系统降低了排气阻力，使排气顺畅，缸内残余废气减少，充气增多，提高了发动机的功率和转矩。图 3.5.1 所示为排气系统示意。

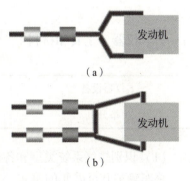

图 3.5.1　排气系统示意
（a）单排气系统；（b）双排气系统

2. 排气歧管

排气歧管（图 3.5.2）汇集了各个气缸的废气，最终从排气消声器排出。排气歧管通常由铸铁、球墨铸铁或不锈钢等材料制成。由于不锈钢排气歧管质量轻、耐久性好、同时内壁光滑、排气阻力小，因此在汽车上应用越来越多。

3. 三元催化转换器

使用三元催化转换器（图 3.5.3）将碳氢化合物、一氧化碳和氮氧化物三种污染物转换为无害物质。

图 3.5.2　排气歧管

图 3.5.3　三元催化转换器

4. 消声器

消声器用来消除排气的噪声。一般消声器中会有数个膨胀室，发动机排放出来的废气经过数个膨胀程序后，会使排气脉冲缓和而消除噪声。图3.5.4所示为排气消声器。

图3.5.4 排气消声器

【任务操作】

✱ 仪器、工具和材料

码3.5 排气系统的检查

仪器设备	工具	材料
举升机	手电筒、扭矩扳手	维修手册

（1）识别排气系统类型和各部件位置。

将车辆举升至需要的高度，找到排气系统各部件位置，并识别排气系统的类型。图3.5.5所示为排气系统示例。

图3.5.5 排气系统示例

（2）检查排气系统各部件的状况。

①目视检查前后排气管及消声器有无泄漏或损坏；

②目视检查排气管吊环是否有开裂或变形损坏；

③目视检查前后排气管连接，前排气管与排气歧管连接是否有泄漏；

④检查排气管双卡箍固定螺栓是否松动（标准力矩检阅相关维修手册）。

注意事项：

检查排气系统时，不要接触排气管和三元催化转化器，以免烫伤。

学习任务 6　更换燃油滤清器

【学习情境描述】

定期更换燃油滤清器,保证燃油管路系统的供油顺畅。

【任务技能】

能够正确更换燃油滤清器,减少因滤清器堵塞造成供油不畅或堵死现象,减少因油路长期不通畅导致车辆加速无力故障。

【知识必备】

1. 燃油滤清器的作用

燃油滤清器的作用是把含在燃油中的氧化铁、粉尘等固体杂物除去,防止燃油系统堵塞(特别是喷油嘴),从而减少机械磨损,确保发动机稳定运行,提高可靠性。滤清器有柴油滤清器、汽油滤清器和天然气滤清器等种类。

燃油滤清器由一个铝壳和一个内有不锈钢的支架组成,在支架上装有高效滤纸片。有的燃油滤清器安装在燃油管路中,称为外部滤清器;有的安装在燃油泵和燃油箱内部,称为内部滤清器。其中,内部燃油箱滤清器通常是免维护的。图 3.6.1 所示为汽油滤清器(外部)。

图 3.6.1　汽油滤清器(外部)

2. 燃油滤清器的保养周期

在车辆使用过程中,燃油滤清器是耗材,需要定期地更换与维护,否则会起不到合格的保护作用。具体的更换周期请参照各个滤清器供应商提供的产品说明书或者车辆维修手册。一般建议更换周期为 4 年或 60 000 km。

【任务操作】

仪器、工具和材料

码3.6 燃油滤清器的检查

仪器	工具	材料
举升机	常用扳手、十字螺丝刀、鲤鱼钳	维修手册、棉纱

（1）燃油系统卸压步骤如下。

①拔下燃油泵保险丝或者继电器，使电动汽油泵不工作。

②确认驻车制动器已拉紧，变速器位于空挡位，打开点火开关并起动发动机。待发动机自动熄火后，关闭点火开关。再次起动发动机，直至无法起动为止。

③使用扳手拆除蓄电池的负极接线并使之可靠地离开负极柱。

（2）拆卸旧燃油滤清器步骤如下。

①将车辆举升到目标高度，可靠停驻。

②使用棉纱擦净滤清器进、出油管接口处的污物。

③使用十字螺丝刀旋松进、出油管固定卡的螺栓，要求固定卡可在橡胶油管上滑动。

④将固定卡滑离橡胶油管和滤清器接口接触部位，保持在油管上。

⑤在与滤清器接口接触的油管外面缠绕2~3层干净棉纱。

⑥使用鲤鱼钳夹紧缠绕的棉纱的油管部位，上下方向摆动工具，直到橡胶油管在滤清器接口上松动为止，然后拿下棉纱。

⑦一手按住滤清器及其支架，防止滤清器转动；一手握紧油管与滤清器接口接触部位，用力转动油管并向外拉，直到油管脱出。把堵头插入油管，防止污物进入油管而污染燃油。

（3）安装新滤清器步骤如下。

①确认滤清器壳上的箭头"→"方向与燃油供给系统要求一致。

②将滤清器支架上的螺栓孔套入车体螺杆上并用手扶住支架，然后用手把螺母旋紧，并将螺母按照规定力矩拧紧。

③将滤清器支架紧固完毕，确认滤清器壳上的箭头"→"方向是否与燃油供给系统要求一致。

④检查油管是否老化、龟裂；检查油管固定卡是否锈蚀、滑扣、裂纹等损伤。如果有损伤，则更换橡胶油管和固定卡。

⑤迅速拔下橡胶油管的专用堵头，将油管口对准滤清器的接口，上下摆动油管的同时施加推力，直到油管与滤清器接口的肩部接触为止。

⑥将油管固定卡移至略越过滤清器接口的突起处，使用十字螺丝刀将固定卡拧紧。

⑦最后用棉纱擦净油管接头处的油迹。

（4）连接电路。

①操纵举升机，将车辆下降至地面。

②将保险丝或者继电器安装回原位置。

③将蓄电池的负极柱、负极接线头内孔等处的污物或腐蚀物等擦拭干净；将负极接线头套在蓄电池的负极柱上并紧固好。

（5）燃油系统检漏。

①进入驾驶室，确认驻车制动器已拉紧，变速器置于空挡位。

②打开点火开关拨至 ON 挡，2~3 s 后，拨至 OFF 挡。如此重复 3~5 次，然后起动发动机，加减速操作 2~3 min，关闭点火开关。

③将车辆举升到合适的高度并可靠停驻，检查汽油滤清器的进、出油管处是否漏油。

（6）整理工位。

关闭发动机舱盖，清洁工具和仪器，并清洁地面。

（7）注意事项。

①拔出保险丝或继电器时要垂直用力，严禁左右摆晃拔出，以免插孔松旷或元件损坏；

②进行燃油系统作业时，要拆除蓄电池的负极柱，避免电气系统产生火花引燃泄漏的燃料，造成火灾；

③拆卸燃油管之前应擦除滤清器进、出油管接口处的污物，避免污物进入油管，污染燃油，加剧喷油器针阀和喷嘴的磨损，严重的会造成喷油器堵塞。

④操作时要小心，因为燃油很容易挥发并且易燃。不要将物品掉在地上、不要穿腈纶衣物、不要抽烟、不要接打手机等。操作完毕要将燃油清理干净，防止火灾。

随堂操作笔记:

学习任务 7　发动机正时皮带及皮带张紧轮的检查

【学习情境描述】

定期检查发动机正时皮带和张紧轮，保证发动机配气正时始终处于正确、安全的运行状态，减少因正时皮带老化或裂纹损坏发动机的风险。

【任务技能】

（1）能够正确检查发动机的正时皮带；
（2）能够正确检查张紧轮。

【知识必备】

1. 正时皮带

正时皮带（图3.7.1）是发动机配气机构的重要组成部分，通过与曲轴的连接并配合一定的传动比来保证进、排气时间的准确。使用皮带而不是齿轮传动是因为皮带噪声小，自身变化量小而且易于补偿。显而易见，皮带的寿命肯定要比金属齿轮短，因此要定期检查和更换皮带。

2. 张紧轮

张紧轮（图3.7.2）是用于汽车传动系统的皮带张紧装置。张紧轮主要由固定壳体、张紧臂、轮体、扭簧、滚动轴承和弹簧轴套等部件组成，能根据皮带不同的松紧程度，自动调整张紧力，使传动系统稳定、安全、可靠。张紧轮是汽车配件的一个易损件，皮带用时间长了容易被伸长，张紧轮可以自动调节皮带的张力，另外有了张紧轮，皮带运行更加平稳，噪声小，而且可以防止打滑。

图 3.7.1　正时皮带

图 3.7.2　张紧轮

3. 正时皮带故障原因

（1）外部污染或损坏。

与正时皮带相接触的任何东西都可能损坏正时皮带，这就是正时皮带工作时整个系统被覆盖的原因。然而仍会有少量发动机内的油液，如机油、冷却液等影响正时皮带，使其打滑或发生化学腐蚀。另外，小石子、小金属屑或其他碎屑也可以通过各自的途径钻到正时皮带区域，这些也都可能损害皮带。

（2）安装不正确。

不要用杠杆或螺丝刀强行撬动正时皮带使其伸长而进入正常轨道，因为正时皮带是按照不能伸长来设计的。安装时应该释放正时皮带上的张紧力，把正时皮带先放置到轨道上，然后再恢复张紧力。使用专门的定位和张紧工具来安装正时皮带，这样就可以保证安装、定位和张紧正时皮带正确，并且可以保证所有部件都能平滑地转动。

（3）正常的磨损。

一般来说，经过几年的使用，正时皮带发生了上百万次的扭曲和扭转变形，这样的变形很容易使正时皮带发生严重的磨损。然而制造厂商在建议正时皮带的更换周期时，都会考虑这样的消耗、磨损，因此正常磨损导致的损坏应该不会发生在推荐的更换周期内。

（4）张紧轮运转不正确。

张紧轮需要提供适当的张紧力并自由地旋转，当张紧轮不能正确工作时，将会给正时皮带的工作寿命带来很大影响。

【任务操作】

 仪器、工具和材料

码3.7　正时皮带和张紧轮的检查

仪器	工具	材料
—	手电筒	维修手册

（1）检查正时皮带。

1）目视检查发动机正时皮带的外观表面，看皮带表面是否出现龟裂裂纹、磨损以及剥落等现象，如有则建议更换。图3.7.3所示为皮带不正常现象。

图3.7.3　皮带不正常现象

2）仔细检查正时皮带，如果出现以下缺陷，则应换用新皮带。

①反面橡胶硬化：反面橡胶光滑无弹性，且硬化到用指甲划而没有痕迹的程度（图3.7.4）。

②反面橡胶的表面和齿根出现裂纹。

③帆布撕裂或帆布与橡胶分离。

④皮带侧面出现裂纹（图3.7.5）。

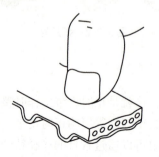

图3.7.4　橡胶硬化检查

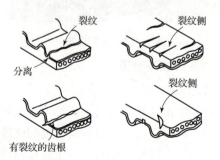

图3.7.5　皮带侧面裂纹

⑤皮带侧面异常磨损（图3.7.6）。
⑥齿的异常磨损或消失。
开始阶段：帆布纤维松散，橡胶结构消失，白色褪色，帆布结构难以辨认。
最后阶段：帆布磨损、暴露橡胶，且齿宽减小（图3.7.7）。

图3.7.6　皮带侧面异常磨损　　　　图3.7.7　齿的异常磨损

3）用拇指强力地按压正时皮带，看皮带的张紧力是否合适（图3.7.8）。
4）检查皮带是否正确地安装在齿形槽内，用手检查确认皮带没有滑出皮带轮底部的齿形槽（图3.7.9）。

图3.7.8　检查皮带张紧力　　　　图3.7.9　检查皮带的安装

（2）检查张紧轮。
检查张紧轮是否活动自如，排除张紧轮自身轴承、弹簧等故障。检查张紧轮与皮带接触面，而后用干净抹布擦拭张紧轮表面、法兰内侧和鼓面，去除鼓面上的皮带磨损屑。不允许使用任何清洗剂、水、油品，也不允许使用螺丝刀等锐器清理以免划伤。

随堂操作笔记：

习 题 3

1. 选择题

1)（单项选择）关于冷却液说法正确的是（　　）。
A. 冷却液具有防冻能力
B. 检查冷却液液位时冷却液温度必须在 80 ℃ 以上
C. 夏季可以用蒸馏水替换冷却液
D. 冬季使用冷却液时，浓度越高越好

2)（单项选择）关于冷却液报警灯描述正确的有（　　）。
A. 冷却液温度过高时会报警　　　　B. 报警后尽快行驶到服务站检查
C. 冷却液液位过低不会报警　　　　D. 冷却液防冻能力下降严重时会报警

3)（不定项选择）若冷却液失效可能带来的影响有（　　）。
A. 寒冷地区气缸体冻坏　　　　　　B. 水温高
C. 散热风扇损坏　　　　　　　　　D. 发动机起动困难

4)（单项选择）在对冷却系统进行操作时，以下说法错误的是（　　）。
A. 热蒸气和热冷却液可能会造成烫伤，请按规定戴好安全保护用品
B. 在发动机暖机时，冷却系统处于过压状态。请将冷却液补偿罐的密封盖用抹布盖住并小心地打开，消除过压
C. 更换冷却液泵密封件必须用冷却液润滑
D. 不同型号的冷却液可以混合使用

5)（单项选择）水温表显示在 90 ℃ 表示（　　）。
A. 冷却液温度刚好为 90 ℃　　　　B. 水温为 75 ℃ ~ 105 ℃
C. 温度表不准确　　　　　　　　　D. 此时水温处于警告区

6)（单项选择）关于检查机油油面高度说法错误的是（　　）。
A. 车辆必须处于水平位置　　　　　B. 关闭发动机等待 3 min
C. 关闭发动机后即可检测　　　　　D. 以机油尺刻度值为准

7)（单项选择）机油渗漏不可能出现的故障是（　　）。
A. 损坏发动机　　　　　　　　　　B. 机油灯报警
C. 蜂鸣器报警　　　　　　　　　　D. 水温过高

8)（单项选择）关于机油尺读取说法正确的是（　　）。
A. 在 A 区时，必须补加机油至上限　　B. 在 B 区时，可以不补加机油
C. 在 C 区时，可以不补加机油　　　　D. 为了防止机油消耗，可以多加一点机油

9)（单项选择）下面（　　）级别的机油质量级别最高。
A. SN　　　　　B. SJ　　　　　C. SL　　　　　D. SM

10)（不定项选择）发动机"烧机油"可能会产生（　　）危害。
A. 形成燃烧室积炭　　　　　　　　B. 排气排放物超标
C. 氧传感器损坏　　　　　　　　　D. 加速无力

11)（单项选择）关于火花塞更换周期描述不正确的有（　　）。

A. TSI 发动机每隔 20 000 km 更换

B. 非 TSI 发动机每隔 30 000 km 更换

C. TSI 发动机每隔 10 000km 检查

D. 非 TSI 每隔一万公里检查

12)（不定项选择）关于空气滤清器保养周期描述正确的有（　　）。

A. 装备 TSI 发动机的是两年或 20 000 km

B. 装备非 TSI 的是 30 000 km 或两年

C. 装备 TSI 发动机的是两年或 30 000 km

D. 装备非 TSI 的是 20 000 km 或两年

13)（不定项选择）关于排气系统检查描述正确的有（　　）。

A. 检查排气系统时，不要触摸排气管，以免烫伤

B. 需检查是否漏气

C. 需检查双卡箍力矩

D. 需检查是否锈蚀

14)（单项选择）关于高尔夫 A7 燃油滤清器更换周期描述正确的是（　　）。

A. 两年或 30 000 km　　　　　　B. 四年或 60 000 km

C. 六年或 80 000 km　　　　　　D. 三年或 60 000 km

15)（不定项选择）关于检查多楔皮带描述正确的是（　　）。

A. 检查多楔皮带表面是否有裂纹　　B. 检查皮带轮是否有异物

C. 检查皮带张紧度　　　　　　　　D. 检查皮带是否有油迹

2. 简答题

1) 如何检查冷却液的防冻能力？

2) 检查机油油位的条件和方法有哪些？

3) 火花塞的颜色及状态有哪几种？

项目 4

底盘维护篇

学习任务 1　制动液的检查与更换

【学习情境描述】

检查制动液年限，检查制动液液面，确保制动系统安全；
定期更换制动液，保证制动液的性能始终符合制动系统需求。

【任务技能】

（1）掌握制动液液面高度检查方法及标准；
（2）了解制动液的吸湿性；
（3）掌握制动液更换周期。

【知识必备】

1. 制动液

制动液（图 4.1.1）是液压制动系统中传递制动压力的液态介质，用于采用液压制动系统的车辆中。制动液又称刹车油或迫力油，它的英文名为 Brake Fluid，是制动系统制动不可缺少的部分，而在制动系统之中，它是作为一个力传递的介质，因为液体是不能被压缩的，所以从总泵输出的压力会通过制动液直接传递至分泵中。

2. 合格制动液的特性

（1）在高温、严寒、高速、湿热等工况条件下保证灵活传递制动力；
（2）对制动系统的金属和非金属材料没有腐蚀；
（3）能够有效润滑制动系统的运动部件，延长制动分泵和皮碗的使用寿命。

3. 对制动液的性能要求

（1）黏温性好、凝固点低、低温流动性好；
（2）沸点高，高温下不产生气阻；

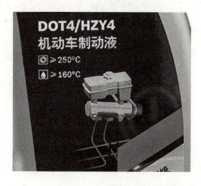

图 4.1.1　制动液

(3) 使用过程中品质变化小,并不引起金属件和橡胶件的腐蚀和变质。

4. 制动液的吸湿性

制动液因其具有吸湿的特性不可长期暴露在空气中,当制动液中混入过量水分,会对制动液的质量产生影响。同样,水也能直接降低制动液的沸点。当水进入制动液后,制动液的抗气阻能力大大下降,直接影响制动液的低温流动性。例如,在东北地区冬季,正常指标 -40 ℃ 的制动液,在 -20 ℃~30 ℃时已凝固不流动了,造成刹车失灵。

5. 定期更换制动液的原因

制动液是汽车液压制动系统中传递制动压力的液态介质。若长时间使用,制动液会因氧化或吸收空气中的水分而变质,直接影响制动效果,从而影响驾驶安全。

【任务操作】

仪器、工具和材料

码 4.1.1　制动液的检查与更换

仪器	工具	材料
制动液快速探测仪、冰点仪	手电筒、抹布	—

(1) 根据生产日期及维修保养记录,检查制动液液面是否在标准范围内,如图 4.1.2 所示储液罐液位。

(2) 检查制动液含水量。

专用工具:小型制动液测试仪,如图 4.1.3 所示。

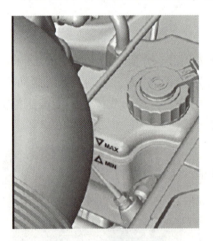

图 4.1.2　储液罐液位

图 4.1.3　小型制动液测试仪

由图 4.1.3 可见,测试仪上的四个小灯显示制动液的含水量如下:

第一个:<1%;

第二个:1%;

第三个:2%;

第四个：>3%。

若制动液含水量大于3%，即使不到两年也需要更换。

（3）更换制动液，如图4.1.4所示。

①从制动液储液罐上拧下密封盖。

②使用VAS5234的吸油管从储液罐内抽出尽可能多的制动液（注意：滤网不得拆除）。

③适配接头拧在制动液储液罐上。

④安装制动踏板加载装置VAG1869/2于驾驶员座椅与制动踏板之间。

⑤将VAS5234加注软管连接到适配器接头上。

⑥将两个车轮从后轴上拆下，以便接触排气螺栓。

⑦拔下制动钳排气螺栓的堵塞。

⑧将收集瓶的排气软管插在排气螺栓上放出相应量的制动液，拧上排气螺栓。

⑨制动液排放顺序及排放量按照维修手册执行。

图4.1.4 制动液的更换

注意事项：

①不同型号、不同品牌制动液不能混用（目前大众只提供一种制动液，只能用原厂制动液）。

②汽车在使用过程中，随着制动片的磨损，制动液的液位会逐渐下降，这属于正常现象，只要液位在正常标识范围内，就能正常使用。

③制动液有毒并且有腐蚀作用，不能接触油漆表面，万一制动液贱到油漆表面或皮肤上，用清水冲洗。

④对于空气湿度极高的地区，根据制动液水含量检测结果，有提前更换制动液的可能。

⑤制动液属于特别监控的废弃物，统一集中回收，不得排入水系或下水道。

⑥制动液的密封盖，使用后要及时拧紧，否则有吸收空气中水蒸汽失效的风险。

备注：

制动液的更换周期：非营运车——首次3年更换一次，之后每2年更换一次；营运车——每50 000 km/2年更换一次。

项目好处：

①定期更换制动液，使制动液始终处于良好状态，保证制动系统的有效性。

②避免由于制动液失效出现交通事故等安全隐患。

随堂操作笔记:

学习任务 2　检查前、后制动摩擦衬块厚度

【学习情境描述】

通过定期检测盘式制动器、鼓式制动器的摩擦衬块厚度,及时更换已经磨损的衬块,从而使制动系统始终处于良好状态。

【任务技能】

(1) 用深度尺测量盘式制动器的摩擦衬块厚度;
(2) 目测鼓式制动器的摩擦衬块厚度。

【知识必备】

(1) 鼓式制动器的制动蹄包括基板、腹板以及摩擦衬块等。图 4.2.1 所示为鼓式制动器的制动蹄。盘式制动器的摩擦衬块包括摩擦衬块和基板,其基板一般厚为 2 mm,如图 4.2.2 所示。

(2) 摩擦材料与基板或底板可以铆接,黏结或整体模铸黏结。

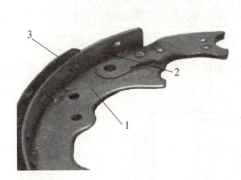

图 4.2.1　鼓式制动器的制动蹄
1—腹板;2—基板;3—摩擦衬块

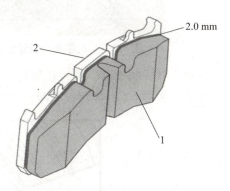

图 4.2.2　盘式制动器的摩擦衬块
1—摩擦衬块;2—基板

(3) 典型的半金属制动摩擦衬块含酚醛树脂、石墨或碳粉、钢纤维、陶瓷、金属粉或塑料屑。

(4) 其他摩擦材料包括非石棉有机材料(NAO)、非石棉合成材料(NAS)和碳纤维摩擦材料(CFRC)。

(5) 车辆制动摩擦衬块或制动盘磨损特别快,其原因如下:

①制动摩擦衬块或制动盘的磨损与日常的使用习惯(如频繁制动或经常紧急制动)和使用环境(如制动摩擦衬块与制动盘之间有沙土等)有较大关系;

②不同车型的性能及制动摩擦衬块材料配比不同,不具有可比性;

③车辆制动系统制动力分配不均,也可能加速制动摩擦衬块与制动盘的磨损。

【任务操作】

仪器、工具和材料

码4.2.1　检查前后制动摩擦衬块厚度

仪器	工具	材料
—	常用扳手、深度尺等	—

（1）半举升车辆，拆下车轮（有些车辆不需要拆卸，看轮辋大小）；

（2）用深度尺测量盘式制动器的摩擦衬块厚度（图4.2.3）并记录摩擦衬块厚度（其中不含背板厚度标准值≥2 mm，含背板厚度值≥7 mm）。

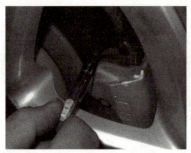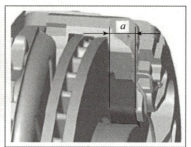

图4.2.3　用深度尺测量盘式制动器摩擦衬块厚度（$a \geq 2$ mm）

（3）对于鼓式制动器，通过检查孔目测制动蹄的摩擦衬块厚度并记录。摩擦衬块的磨损极限是2.5 mm（不含背板厚度），如图4.2.4所示。

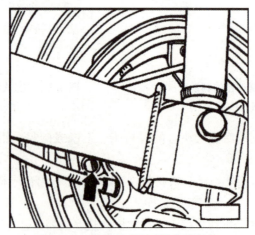

图4.2.4　检查鼓式制动蹄摩擦衬块

注意事项：

如制动摩擦衬块需要更换，在更换后，必须先用力将刹车踏板踏几次，否则因制动分泵未及时回位，采取紧急制动时，有出现事故的风险。

学习任务3 轮胎检查与换位

【学习情境描述】

通过定期检查轮胎磨损情况及轮胎状态，消除因轮胎带来的安全隐患，提高行驶安全性；通过轮胎换位，使四个轮胎均匀磨损，调整轮胎气压，检查轮胎固定螺栓力矩，保障行车安全。

【任务技能】

（1）熟记轮胎花纹深度磨损极限值；
（2）掌握不同磨损形态产生的原因；
（3）轮胎换位方式；
（4）轮胎螺栓标准力矩；
（5）备胎气压标准值；
（6）了解轮胎型号含义。

【知识必备】

1. 轮胎花纹

（1）轮胎花纹（图4.3.1）的作用是增加轮胎与地面的摩擦力，防止汽车在行驶过程中打滑。换言之，增大轮胎与地面间的摩擦力，提高摩擦性，保障汽车在行驶过程中的动力性、制动性、转向操作性、安全性。

图4.3.1 轮胎花纹

（2）轮胎花纹的深浅。

轮胎花纹的深浅、样式更是和轮胎性能息息相关，对于不同路况选择轮胎花纹的深浅程度都有一定的联系，见图4.3.2轮胎花纹深浅、样式。

（3）花纹深度影响排水能力。

当路上积水较多时，轮胎花纹能够储水排水，从而使轮胎接触的是地面而不是水，轮胎花纹越深排水能力就越强，避免滑水现象。滑水现象：当轮胎在含有积水层的路面上滚动时，会对积水层进行排挤，于是轮胎与路面接触区前部的水便会因为惯性而产生动压力

图 4.3.2 轮胎花纹深浅、样式

(与速度平方成正比)。轮胎的花纹过浅,不仅影响其储水、排水能力,还容易产生"滑水现象",对汽车行驶很不利。

(4)花纹深度影响散热。

任何材料都具有温度滞后效应,轮胎也一样,汽车在行驶过程中,轮胎与地面剧烈摩擦使轮胎加速升温,深胎纹的轮胎由于整体性更差而散热能力比较差,长时间处于较高温度对橡胶材料的性能有损害。较深的轮胎花纹不利于轮胎散热,在汽车行驶过程中,轮胎与地面的剧烈摩擦会使胎温上升加快,花纹根部因受力严重而容易造成轮胎的撕裂、脱落等现象。因此胎纹深度不宜过深,以保证一定的散热性。

(5)花纹深度对车辆稳定性的影响。

轮胎的花纹越深,花纹接地弹性变形量越大,由轮胎弹性迟滞损失形成的滚动阻力也将随之增加。在轮胎接触地面的时候,就会消耗一部分的力去抵消因轮胎花纹过深而带来的弹性形变,就会对汽车形成较大的阻力,影响动力的输入且增加油耗。合适的胎纹深度就保证了汽车良好的抓地力,使汽车拥有更好的动力性、制动性、转向操作性等。

2. 轮胎换位

(1)定期进行轮胎换位。

由于前后轮胎压、负荷、摩擦力等不同因素的影响,轮胎磨损程度也会不同,轮胎换位是保证各个轮胎磨损均匀,延长轮胎整体使用寿命的重要措施。

(2)换位周期。

根据驾驶者不同的驾驶习惯和驾驶路线,应参照汽车自带的保养手册定期进行轮胎换位。轮胎换位间隔一般新车为 10 000 km,以后每行驶 5 000 km 至 10 000 km 进行一次轮胎换位。

(3)换位方法。

随着高性能轮胎的普及,现在很多轮胎,特别是高速度级别的轮胎,往往都采用"单方向"花纹设计,即轮胎必须按照固定的滚动方向滚动,才能发挥轮胎的全部性能。这种轮胎侧面有表示滚动方向的箭头,必须保持正确的旋转方向。

这种轮胎如果从左侧换到右侧,显然滚动方向就反过来了。因此这种规定了滚动方向的轮胎,是禁止左右换位的,只能按照"同侧前后换位"操作,即左侧前后轮互换,右侧前后轮互换。

（4）轮胎上各参数含义介绍（见图4.3.3 轮胎参数含义）

205/65 R15 94H 所代表含义如下：

205：轮胎宽度（mm）；

65：扁平率；

R：子午线结构；

15：轮辋直径（英寸①）；

94：承载指数；

H：速度代码。

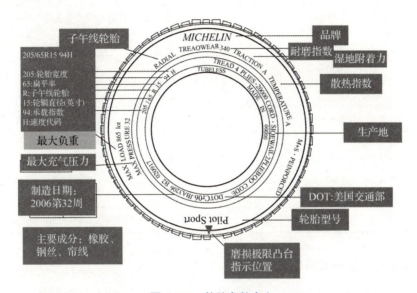

图 4.3.3　轮胎参数含义

3. 速度代码及载荷能力表

轮胎速度代码及载荷能力见表4.3.1。

表 4.3.1　轮胎速度代码及载荷能力

速度代码	车速/(km·h^{-1})	载荷指数	轮胎最大承载能力/kg
L	120	75	387
M	130	78	425
N	140	79	437
P	150	80	450
Q	160	81	462
R	170	82	475
S	180	83	487

---

① 1 英寸 = 2.54 cm。

续表

速度代码	车速/(km·h^{-1})	载荷指数	轮胎最大承载能力/kg
T	190	84	500
U	200	85	515
H	210	86	530
V	240	87	545
ZR	超过240	88	560
W	270	89	580
Y	300	90	600
—	—	91	615
—	—	92	630
—	—	93	650
—	—	94	670
—	—	95	690
—	—	96	710
—	—	97	730

4. 各车型轮胎气压标准值位置（图4.3.4）

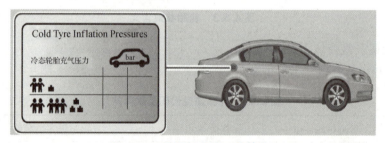

图4.3.4　胎压标准值（油箱盖）

5. 常见轮胎品牌

常见轮胎品牌见表4.3.2。

表4.3.2　常见轮胎品牌

常见轮胎品牌			
序号	轮胎品牌	国家	轮胎标志
1	米其林	法国	MICHELIN

续表

常见轮胎品牌			
序号	轮胎品牌	国家	轮胎标志
2	固特异	美国	GOODYEAR
3	马牌	德国	Continental
4	韩泰	韩国	HANKOOK driving emotion
5	锦湖	韩国	KUMHO TIRE
6	邓禄普	日本	DUNLOP

【任务操作】

 仪器、工具和材料

码 4.3.1　轮胎检查与换位

仪器	工具	材料
举升机	一字螺丝刀、抹布、手套、轮胎花纹深度尺	

（1）检查轮胎花纹的深度。

①稳固车辆、解除制动（放下手刹），挡位处于空挡（或 N 挡），半举升车辆。

②每隔 120°测量花纹深度取平均值，花纹最小深度为 1.6 mm（雪地轮胎最小花纹深度为 4 mm），胎面上有磨损极限指示凸台。当花纹深度接近最小允许深度时应该告知客户更换轮胎。

③检查轮胎胎面及侧面是否有损伤（鼓包、脱层、划伤等），去除轮胎胎面上的异物

（明显嵌入轮胎内部的钉子、大铁屑等）。

④下降车辆，检查备胎花纹深度（图4.3.5）及磨损形态。

图4.3.5　轮胎花纹深度测量

⑤不正确的车轮定位参数，不正确的驾驶方式等都能造成轮胎不正常磨损，表4.3.3所示为轮胎的异常磨损情况。

现象	正常	中央磨损	两边磨损
外观			
原因		轮胎气压过高，使胎面中心部分接地，压力过高造成	轮胎压力过低，使两胎肩接地压力过高造成
现象	羽状磨损	单边磨损	局部磨损
外观			
原因	四轮定位不当（倾角及前束等）	四轮定位不当（倾角及前束等）	・刹车抱死及制动不均； ・轮辋变形及组装件等造成偏心

表4.3.3　轮胎的异常磨损情况

（2）轮胎换位步骤如下。

①拆下四个车轮；

②按照图4.3.6所示，同侧车轮前后换位；

③安装轮胎螺栓；

④按照对角顺序以标准力矩拧紧轮胎螺栓（老捷达标准力矩为110 N·m，其他车型为120 N·m）；

⑤检查调整轮胎气压至标准值（各车型轮胎气压标准见油箱盖）；

⑥用刷子蘸肥皂水检查气门嘴是否漏气，如漏气，应修理；

⑦安装轮胎螺栓防尘盖；

⑧用同样的方法检查备胎，并按照维修手册将备胎气压调整至最高值。

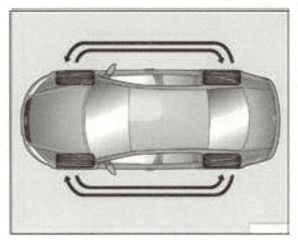

图 4.3.6　同侧车轮前后换位

注意事项：
①修补过的轮胎不能放在前轮上；
②四个车轮必须安装型号、尺寸（滚动周长）和花纹类型完全相同的子午线轮胎；
③新轮胎必须经过磨合，因其附着性不可能达到最佳状态，从而影响制动效果，因此，最初 600 km 内应谨慎行驶，避免引发伤亡等事故；
④带旋转箭头指示的单向轮胎只能同侧前后轮换位，如图 4.3.7 所示轮胎旋向标记；
⑤轮胎气压标准值为冷态气压值。

图 4.3.7　轮胎旋向标记

随堂操作笔记：

学习任务 4　检查变速箱、等速万向节、球头间隙及防尘套

【学习情境描述】

通过对变速箱、等速万向节、球头间隙及防尘套的检查，及时发现泄漏点，排除传动部件的安全隐患。

【任务技能】

（1）识别车身底部各部件及防尘套位置；
（2）目测检查车身底部是否有泄漏或损坏；
（3）检查转向横拉杆球头间隙。

【知识必备】

万向节防尘套的作用

（1）防尘套不仅起到防尘、防异物进入，还能防止万向节周围的润滑脂流失。
（2）防尘套有较好的抗高温、抗腐蚀性，同时也能承受来自传动轴与车轮不断地相对运动产生的扭转和弯曲。破损后内部的润滑脂会在转动的过程中甩出，导致万向节润滑不良，加速万向节的磨损，严重时会出现卡死的情况，影响行车安全。图 4.4.1 所示为防尘套。

图 4.4.1　防尘套

【任务操作】

 仪器、工具和材料

码 4.4.1　检查变速箱、等速万向节、球头间隙及防尘套

仪器	工具	材料
举升机	常用扳手、手电筒、手套、抹布	—

(1) 举升车辆。
(2) 目测检查变速箱、主减速器壳体结合处、传动轴油封是否泄漏。
(3) 目测检查等速万向节防尘套是否泄漏或损坏。
(4) 检查转向横拉杆球头间隙。
①用手晃动横拉杆，检查横拉杆球头是否有间隙；
②检查横拉杆球头螺栓是否松动；
③检查横拉杆防尘套是否泄漏或损伤；
④检查转向拉杆是否有磕碰变形。
(5) 下降车辆。

图4.4.2所示为传动系统检查。

图 4.4.2　传动系统检查

注意事项：
①变速箱、主减速器渗漏比较复杂。发现渗漏时，不能简单清洁处理，必须及时上报。
②底盘检查（图4.4.3）时，注意与排气管和三元催化器保持一定的距离，否则有烫伤的风险。

图 4.4.3　底盘检查

项目好处：
通过对万向节及防尘套的检查，早期发现底盘部件的泄漏点和安全隐患，及时排除，提高行车安全性，减少部件损坏带来的损失。

学习任务 5　变速箱油的检查与更换

【学习情境描述】

定期更换双离合变速箱油及滤清器，始终保持变速箱在良好的条件下运行，充分润滑、冷却，保证变速箱的使用性能。

【任务技能】

（1）熟练使用变速箱油加注机；
（2）掌握检查 6 挡双离合变速箱油位的条件；
（3）掌握更换滤清器方法；
（4）掌握 6 挡双离合变速箱更换油及滤清器周期；
（5）了解双离合变速箱的使用注意事项。

【知识必备】

1. 自动变速箱油的更换周期

自动变速器油的更换周期是以行驶公里数或使用时间为准的，若在车辆使用手册中同时给出这两个指标，哪一项指标先到就先执行哪个。如果车辆使用手册未标明自动变速器的换油时间，则按照 60 000 ~ 80 000 km 的里程来更换。60 000 ~ 80 000 km 的可调区间是指车辆正常使用条件周期和恶劣条件下的周期。在我国，建议使用恶劣条件下比较短的更换周期。

2. 定期更换的重要性

变速箱内齿轮、摩擦片、阀体等是通过变速箱油驱动的，变速箱油同时也会把一些金属碎屑带走。当长期不换油时，这些金属碎屑会越来越多，多到一定程度之后，就会影响变速箱油本身的物理特性，同时降低离合器片的夹紧力。而且，变速箱油里大量的金属碎屑也会严重磨损离合器片，最终导致离合器无法结合，同时会造成整个变速箱的零件磨损，使变速箱无法换挡，甚至导致 D 挡无法起步等故障。

如果变速箱油没有定期更换，过脏的变速箱油会引起变速箱换挡混乱，迟迟不升挡、降挡，或者是加速迟钝，车内有异常振动或异响，这些都是变速箱油太脏的现象。

3. 液面高度的检查

（1）起动发动机。
（2）踩下制动踏板并将换挡杆挂到每个挡位，且在每个挡位停顿 3 s。然后将换挡杆挂回驻车挡。（目的：使液力变矩器和所有换挡执行元件中充满液压油。）
（3）使发动机以 500 ~ 800 转/分的速度怠速运行至少 3 min，松开制动踏板，从而使油液泡沫消散、油位稳定。
（4）保持发动机运转，观察汽车故障诊断仪上变速器油温度。
（5）用举升机举升车辆。发动机运转且换挡杆挂 P 挡，车辆必须置于水平位置。

（6）拆下油位检查螺塞。如果油液稳定地流出，则等待直到油液开始滴落。如果没有油液流出，则添加油液直到油液滴落。

4. 油液品质的检查

可采用外观法检查油液，如图4.5.1所示。

红色：正常。

棕色：并不完全代表其受污染。

颜色很深或发黑并有烧焦味：通常表示油液过热或受污染。

絮状或乳液状或看起来被水污染：表示变速箱油污染。

图4.5.1 油液品质

5. 自动变速箱油的更换方法

（1）自然换油法。

这种方法在行业内俗称"手换"，即打开自动变速器的放油螺栓，让里面的油液自然排出。这是一种旧式的换油方式，优点是操作方便、耗时少；缺点是换油不彻底，只能放掉1/4至1/3旧油液，大约是4 L。目前相当一部分服务店都沿用这种换油方式，由于添加油液后，新旧油液混合，自动变速器里面的油液仍处于不纯净的状态，所以只能缩短换油时间，有些服务店要求每20 000～30 000 km换一次自动变速器油液。图4.5.2所示为自然换油法更换油液示例。

图4.5.2 自然换油法更换油液示例

（2）专用换油机更换。

专用换油机更换机油在行业内俗称机换，其利用机器产生压力，把变扭器的润滑油管和散热油管里的油进行动态更换。机换的方法就是把换油机连接自动变速器加油口，用压力进行循环换油，如图 4.5.3 所示。具体换油操作方法：向专用换油机加入一定量的新油液，通过进油管泵入自动变速器，再从出油管抽出旧液，旧液输入换油机后被滤清器过滤，然后又泵进自动变速器，这样不断循环对变速器进行冲洗，冲洗完成后把旧液抽出，泵入新液，整个换油过程约需要 1 h，所需自动变速器油液是 12 L 左右。这种换油方式换油比较彻底，能够放掉 85% 以上的旧油液，而且可以把自动变速器内部的油垢和金属屑清洗干净，更换油液的周期可以达到 60 000~80 000 km，但是需要专用机械，耗费的工时多。

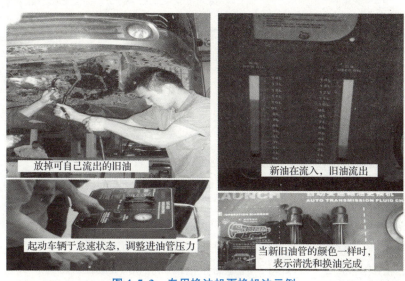

图 4.5.3　专用换油机更换机油示例

以上两种换油方法都要在发动机起动的情况下进行。更换自动变速器油液操作必须是在热车的状态下进行，更换前应行驶 20 min 以上，不能冷车换油。换油时要起动发动机，把各挡位从 P 挡到 N、D、L1、L2 等挡位来回拨动，然后才开始更换油液。

【任务操作】

 仪器、工具和材料

码 4.5.1　变速箱齿轮油的检查与更换

仪器	工具	材料
VAG1331、VAS6262、集油器及诊断仪	常用扳手、抹布、手套	—

（1）检查变速箱液位。
①准备检查及加油使用的专用工具，如 VAG1331、VAS6262、集油器及车辆诊断仪。
②连接车辆诊断仪，进入变速箱系统，查看变速箱油温度，不高于 35 ℃。
③水平举升车辆，挂入 P 挡。
④起动发动机，将换挡杆在每个挡位停留 3 s，然后将换挡杆置于 P 挡。
⑤旋出放油螺栓（不旋出溢流管）。
⑥待变速箱油温达 35~45 ℃ 时，检查是否有变速箱油连续滴出。

⑦如有油连续滴出，更换新的放油螺栓并以 45 N·m 力矩拧紧。
⑧如果没有油连续滴出，使用变速箱油加注机 VAS6262 加注至标准油位后再检查。

(2) 更换变速箱油。

1) 排放变速箱油。

①准备好变速箱油加注机 VAG1331、变速箱油加注机 VAS6262、集油器及车辆诊断仪。
②松开放油螺栓并旋出溢流管（图 4.5.4），排放变速箱油至集油器中。

2) 更换滤清器。

①逆时针旋转滤清器约七圈，松开滤清器。
②等待 10 s，使滤清器壳体内的变速箱油流回变速箱壳体中。
③拆下旧的滤清器。
④以 20 N·m 力矩安装新的滤清器。

3) 加注变速箱油。

①以 3 N·m 力矩拧紧溢流管。
②用力将变速箱油加注机 VAS6262 的转换头插入检查孔。
③将带有变速箱油加注机 VAS6262 的变速箱油桶固定到高于变速箱的位置上。
④加注 5.5 L 变速箱油。
⑤连接诊断仪，读取变速箱油温，油温不得高于 35 ℃。
⑥起动发动机，将变速箱换挡杆在每个挡位停留 3 s，最后停在 P 挡。
⑦在变速箱油温为 35～45 ℃时，脱开变速箱油加注机 VAS6262 插头。
⑧排除多余的变速箱油（参照双离合变速箱油面检查方法）。
⑨更换新的放油螺栓，以 45 N·m 力矩拧紧。

注意事项：

①自动挡车辆，在车辆没有停稳前，不可以推入 P 挡；
②牵引车辆时，车速不可以大于 50 km/h，拖车距离不可以超过 50 km；
③P 挡不可以代替驻车制动器，停车后必须施加驻车制动，否则有溜车的风险。

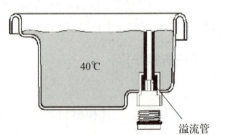

图 4.5.4　溢流管位置

项目好处：

①通过对变速箱油位的检查，早期发现变速箱油泄漏情况，及时维修，减少损失；
②通过对变速箱油质的检查，判断变速箱工作中是否存在高温或机械磨损。

学习任务6 轮胎的拆装

【学习情境描述】

轮胎使用寿命一般是5年左右,行驶里程一般为60 000~80 000 km,因此需要更换轮胎,其基本操作就是拆卸轮胎。

【任务技能】

(1)正确操作扒胎机;
(2)正确拆装轮胎。

【知识必备】

1. 扒胎机的结构认知

(1)扒胎机的结构如图4.6.1所示。

图4.6.1 扒胎机的结构

(2)扒胎机踏板如图4.6.2所示。

图4.6.2 扒胎机踏板
1—立柱倾倒踏板;2—卡盘踏板;3—风铲踏板;4—卡盘旋转踏板

(3) 轮胎挤压装置如图 4.6.3 所示。
(4) 立柱相关装置如图 4.6.4 所示。

图 4.6.3 轮胎挤压装置

1—风铲；2—风铲手柄；3—轮胎保护垫

图 4.6.4 立柱相关装置

1—立柱伸缩杆；2—横向伸缩臂；3—胎压表；
4—锁定装置；5—拆装头

(5) 卡盘装置如图 4.6.5 所示。

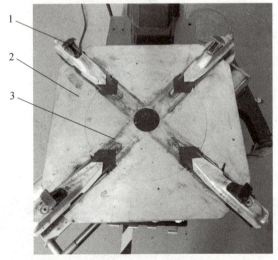

图 4.6.5 卡盘装置

1—卡具；2—工作盘；3—滑轨

【任务操作】

仪器、工具和材料

码 4.6.1 轮胎的拆装

仪器	工具	材料
扒胎机	气门扳手、气门安装杆、抹布等	轮胎润滑脂

（1）拆卸轮胎步骤如下。

①用气门扳手拧出气门芯，放出轮胎中的气体。

②在扒胎机上用风铲施压轮胎（图4.6.6），风铲距离轮辋1～2 cm。（用风铲以120°分三次均匀施压，且避开气门嘴）

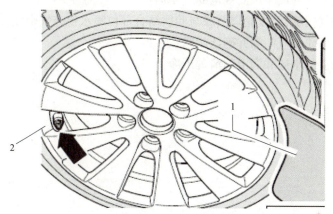

图4.6.6 风铲施压轮胎

1—风铲；2—气门嘴

③在轮胎和轮辋凸缘间大量涂抹轮胎润滑脂（图4.6.7）。

图4.6.7 涂抹轮胎润滑脂

④将车轮安装到工作盘上，使轮胎气门嘴位于装配头前方（大约11点位置，拆装头为12点位置）。

⑤小心使用撬棒在拆装头撬棒支点处将轮胎外侧胎唇撬出轮辋并挂在拆装头上。

⑥启动工作盘，逆时针转动15°停止，以确保胎唇变形量最小。

⑦顺时针转动扒胎机工作盘，直到胎圈完全从轮辋上脱下。

⑧更换气门嘴套件。

注意事项：

小心去除配重和辐板式车轮上大块的污物。

（2）安装轮胎步骤如下。

①用润滑脂大量地涂抹轮辋凸缘、轮胎两侧胎圈及胎圈内侧；

②放置轮胎于工作盘上；

③转动工作盘将车轮气门嘴置于7点位置，拆装头在12点位置；

④固定拆装头，安装轮胎内侧，然后再安装轮胎外侧［将轮胎标有生产日期的一面向外放在轮辋上（非对称/单导向/白字/轮辋保护轮胎除外）］；

⑤安装完毕后进行充气，先将轮胎充气至轮胎厂商规定的最高充气压力（MAX PRESS）并确认胎唇安装在轮辋内；

⑥再调整轮胎放气到汽车厂商规定的气压值；

⑦使用喷瓶向气门嘴套件/轮辋凸缘与胎唇结合部位喷水检查气密性；

⑧将气门帽装回轮胎气门嘴并确认旋紧；

⑨将整个车轮上的水迹和润滑剂清理干净。

学习任务 7 轮胎的动平衡

【学习情境描述】

车轮属于高速旋转部件,对动平衡有严格要求,更换轮胎后必须对轮胎进行动平衡检查。

【任务技能】

(1) 正确操作动平衡机;
(2) 正确设置动平衡机参数。

【知识必备】

动平衡机的结构认知

(1) 动平衡机的结构如图 4.7.1 所示。

图 4.7.1 动平衡机的结构
1—车轮护罩;2—车轮支撑轴;3—显示屏;4—工作台

(2) 平衡卡具如图 4.7.2 所示。
(3) 需要测量设备到轮胎的距离,见图 4.7.3 测量轮胎距离的机械臂。
(4) 动平衡机的操作面板如图 4.7.4 所示。

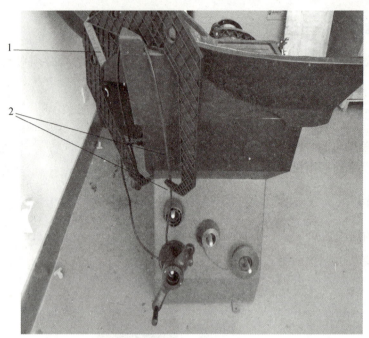

图 4.7.2 配重托盘

1—轮胎宽度测量尺；2—配重块

图 4.7.3 测量轮胎距离的机械臂

图 4.7.4 操作面板

1—显示屏；2—铅块位置设置；3—铅块安装位置；
4—功能设置键；5—停止键

【任务操作】

 仪器、工具和材料

码4.7.1 轮胎的动平衡

仪器	工具	材料
扒胎机	动平衡机、工具刀、一字螺丝刀、抹布等	铅块

轮胎的动平衡检查操作步骤如下。

（1）检查并确保轮胎按照要求正确充气与安装。

（2）去除旧平衡块，清洁整个轮辋（抹布），去除夹在轮胎花块中的石子碎片等异物（新装轮胎需去除即时贴标签）。

（3）将车轮小心地装在平衡机转轴上并使用车轮平衡卡具将车轮紧固。

（4）在车轮平衡机上选择平衡铅块安装模式。

（5）根据平衡机的显示要求，输入相应的数据：

①输入轮辋直径；

②输入轮辋宽度；

③输入设备到轮辋的距离。

（6）旋转测试车轮，读取车轮内外不平衡数值（如果数值大于 50 g 应停止车轮动平衡操作并重新拆卸及安装轮胎）。

（7）将车轮分别转动到内/外侧不平衡点安装相应克数平衡块（注意使用新铅块并小心安装）。

（8）再次旋转测试车轮，检查平衡状况。

（9）将平衡铅块安装牢固后从平衡机转轴上小心拆下车轮。

（10）所有工具归位。

注意：

确保车轮完全定心和正确地张紧，如果中心对中的偏差为 0.1 mm，则车轮/轮胎上会自动产生 10 g 的不平衡量。

随堂操作笔记:

习 题 4

1. 选择题

1）（单项选择）关于制动液说法错误的是（   ）。
A. 制动液具有强吸湿性　　　　　　　　B. 制动液腐蚀油漆
C. 同级别但不同品牌的制动液可以混加　　D. 必须使用原厂制动液

2）（单项选择）制动液更换周期是（   ）。
A. 每两年更换　　　　　　　　　　　　B. 60 000 km
C. 两年或 60 000 km　　　　　　　　　D. 30 000 km 或两年

3）（单项选择）制动液的颜色是（   ）。
A. 红色　　　　B. 绿色　　　　C. 浅黄色　　　　D. 蓝色

4）（单项选择）当制动液液位过低时仪表上（   ）会点亮。
A. 制动摩擦衬块磨损报警灯　　　　　　B. 制动系统警报灯
C. 电子驻车制动警报灯　　　　　　　　D. 发动机故障灯

5）（不定项选择）关于更换制动液说法正确的是（   ）。
A. 每两年必须更换制动液
B. 每 60 000 km 必须更换制动液
C. 不同型号或不同品牌的制动液不可以混加
D. 更换制动摩擦衬块后必须更换制动液

6）（不定项选择）关于更换制动摩擦衬块项目说法正确的有（   ）。
A. 带制动摩擦衬块磨损报警的衬块安装在左前轮
B. 要使用专用工具使制动分泵回位
C. 更换制动摩擦衬块后要用力踩几脚制动踏板
D. 更换制动摩擦衬块必须更换制动盘

7）（单项选择）关于盘式制动摩擦衬块厚度标准值说法正确的是（   ）。
A. 磨损极限值 2 mm（含背板）
B. 磨损极限值 5 mm（含背板）
C. 磨损极限值 7 mm（含背板）
D. 磨损极限值 3 mm（不含背板）

8）（单项选择）更换制动摩擦片时拆下制动钳是否需要固定？（   ）。
A. 需要固定　　　　　　　　　　　　　B. 不需要固定
C. 可随意放置　　　　　　　　　　　　D. 挂在刹车盘上即可

9）（单项选择）关于新迈腾检查转向横拉杆及防尘套描述错误的是（   ）。
A. 每次都必须检查拉杆球头间隙量
B. 必须检查拉杆球头螺栓力矩
C. 必须检查防尘套是否泄漏
D. 必须检查等速万向节防尘套是否泄漏

10）（单项选择）自动变速箱（ATF）油是特殊润滑油，以下不属于 ATF 特性的是（　　）。

 A. 传递动力   B. 散热

 C. 实现变速箱换挡   D. 强的吸湿性

11）（不定项选择）DSG 变速箱检查油面的条件有（　　）。

 A. 油温为 35~45 ℃   B. 车辆处于水平位置

 C. 换挡杆位于挡位 N   D. 变速箱未处于应急状态

12）（单项选择）车轮轮胎螺栓的拧紧力矩为（　　）。

 A. 110 N·m   B. 120 N·m

 C. 150 N·m   D. 130 N·m

13）（单项选择）在开始动平衡前，轮胎是否需要清洁？（　　）。

 A. 需要   B. 没关系

 C. 不需要   D. 无所谓

14）（不定项选择）在开始动平衡前，需要满足的条件有（　　）。

 A. 轮胎充气压力必须正常

 B. 胎面并没有单侧磨损，胎纹深度至少应达到 4 mm

 C. 轮胎没有受到损坏

 D. 车轮悬架、转向系、转向横拉杆以及减振器都必须处于正常状态

2. 简答题

1）为什么要定期更换制动液？

2）轮胎不正常磨损的形式有哪些？

3）轮胎动平衡必要的参数有哪些？

项目 5
新车交验篇

学习任务 1　恢复新车正常工作状态

【学习情境描述】

对客户所购新车实施交车前的检验,避免交车后影响客户使用,引发客户抱怨。

【任务技能】

(1) 了解车辆铭牌、车辆识别代码的含义;
(2) 掌握新车交付检验的项目、程序和标准。

【知识必备】

1. 恢复新车正常工作状态意义

为了防止新车在运输中发生问题,汽车在离开厂家前,将运输中易损坏的零部件不安装,另行包装;对一些需要保护的部位加装保护装置等。因此,在进行新车交付检验时,新车必须恢复到正常的工作状态,发挥汽车的正常功能,避免用户在使用中出现意外事故。图5.1.1 所示为新车交付流程图。

图 5.1.1　新车交付流程图

2. 验证新车状态

随车物品检查。新车明细资料主要包括车辆品牌、车型、规格、颜色、发动机号、车架号等信息。随车物品包括车辆手续资料和随车工具。新车手续资料包括货物进口证明书(进口车)、进口车辆随车检验单(进口车)、车辆安全性能检验证书、拓印(车辆铭牌、发动机号、车架号等的拓印)、运单、新车点检单等。随车工具一般包括车主手册、保修手册、备胎、钥匙、工具包、点烟器等。

【任务操作】

仪器、工具和材料

码 5.1.1 恢复新车正常工作状态

仪器设备	工具	材料
举升机、诊断仪、胎压表等	常用扳手	

恢复新车正常工作状态的操作步骤如下。

（1）检查安装保险。

为了防止在运输中有电流通过，厂家已将灯保险、收音机保险拆下放在继电器盒内，因此，应首先将灯保险、收音机保险安装到相应位置。图 5.1.2 所示为保险丝盒。

图 5.1.2　保险丝盒

（2）安装汽车厂提供的零部件。

厂家对外后视镜等汽车外部凸出部分的零部件进行单独包装，以防运输途中损坏，如图 5.1.3 所示的汽车厂提供零部件。安装过程一般包括以下内容：

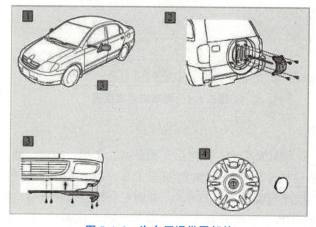

图 5.1.3　汽车厂提供零部件

①安装外后视镜；
②安装备用轮固定架托座；
③安装前扰流板盖；
④安装轮辋盖。

（3）调整轮胎空气压力。

调整轮胎（包括备胎）空气压力至正常值，如图5.1.4所示。

图5.1.4　调整轮胎空气压力

注意事项：出厂时轮胎气压值通常比正常值高一些，以防运输中轮胎变形，因此交付用户前一定要将其调低至正常值。

（4）除去不必要的标志、标签、贴纸及保护盖等。

交付用户前取下相应保护盖，除去标志、标签、贴纸等，如图5.1.5所示。

注意事项：勿用刀等尖锐物体拆除保护盖，以免损坏装饰条及座椅。

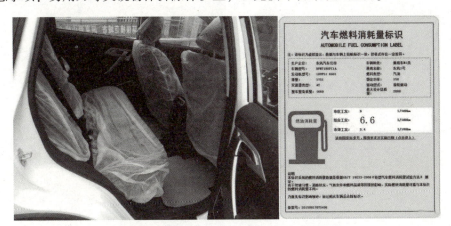

图5.1.5　除去不必要的标志、标签、贴纸等

（5）取掉车身防护膜。

先冲洗汽车，除去运输过程中积下的砂石、尘土，再剥离车身上的防护膜（图5.1.6），最后检查车身在油漆表面上是否有黏性残留物或凸出物。

图 5.1.6　去掉车身防护膜

注意事项：
只能用手剥离防护膜，但为了防止刮坏油漆或压凹车身，勿将肘部或手放在车上。

学习任务 2　新车交付检查

【学习情境描述】

确保交付给用户的新车状况及性能良好,保证各部件和机械运转正常并使用户满意,必须认真、细致地验收将要交付的新车,及早发现隐藏的质量缺陷,避免日后返修带来的麻烦。

【任务技能】

(1) 正确检查车辆外观;
(2) 检查发动机机舱,包括油液;
(3) 检查驾驶室各项功能;
(4) 检查底盘。

【知识必备】

1. 查验汽车铭牌和车辆识别码

车辆铭牌一般在发动机舱内,或者驾驶员门槛处,见图 5.2.1。

图 5.2.1　汽车铭牌及车辆识别码

2. 车辆外部检查

车辆外部检查主要检查位置包括车门与车身配合间隙、挡风玻璃与车窗玻璃、车身饰条及标志,如图 5.2.2 所示。

图 5.2.2　车辆外部检查

3. 发动机舱检查

发动机舱检查主要包括油液液位、各类线路、管路是否干涉泄漏，如图 5.2.3 所示。

图 5.2.3　发动机舱检查

1—机盖锁；2—发动机 ECU；3—保险丝盒；4—蓄电池；5—空气滤芯；6—制动液；
7—机油尺；8—进气口；9—机油加注口；10—冷媒加注口；11—冷却液加注口；12—风窗清洗液加注口

4. 驾驶室内检查

驾驶室内需检查起动开关、多功能仪表、转向盘、多媒体娱乐系统、空调、座椅等功能，如图 5.2.4 所示。

图 5.2.4　驾驶室内检查

5. 行李舱检查

检查行李舱正常开关、地毯、密封条、备胎、随车工具等，如图5.2.5所示。

图5.2.5　行李舱检查

6. 底盘检查

检查发动机变速器、制动、转向、冷却系统是否漏油；轮胎、悬架等是否有变形，如图5.2.6所示。

图5.2.6　底盘检查

7. 行驶过程检查

起动发动机检查发动机有无异响、抖动。路试过程中观察发动机和变速器是否有较大冲击、异响、振动等，如图5.2.7所示。

图 5.2.7 底盘检查

【任务操作】

仪器、工具和材料

码5.1.1 新车交付检查

仪器设备	工具	材料
举升机、诊断仪、胎压表等	常用扳手	—

新车交付检查操作过程如下。

（1）查验汽车铭牌和车辆识别码。

查找车辆识别码。确认驾驶侧前风窗左下侧的车辆识别码是否与合格证一致，并且刻印清晰。

查找车辆铭牌。确认前乘员侧门槛处车辆铭牌是否与合格证一致，并且文字清晰。

（2）车辆外部检查步骤如下。

①检查、确认金属表面平整度良好，无凹凸缺陷。检查、确认车身表面的油漆无划伤、色差、漏漆、流挂、灰粒、暗影等现象。

②挡风玻璃和车窗玻璃检查，即确认无开裂、爆眼、划伤等情况，平整度应一致；透过玻璃看物体时，无变形的感觉，窗框密封条无开裂、变形情况。

③车身饰条检查，即确认顶部、车窗、门槛、前后门外柱饰条，以及前后标牌、标识及logo、格栅、后牌照饰板粘贴牢固，无翘起、破损等情况。

④刮水器刮臂及刮水片检查，即检查刮水器的刮臂是否损坏或变形，确认刮水片表面平整、无损坏、无变形。

⑤车灯外观检查，即检查大灯、雾灯组合灯、侧面转向灯、后尾灯等与前后保险杠之间的配合间隙是否均匀、对称，确认灯具表面干净、无划痕、无裂缝、无破损。

（3）发动机舱内检查步骤如下。

①发动机舱的各类线路、管路检查。

②检查发动机机油液位，如图 5.2.8 所示。

③检查发动机冷却液液位，如图 5.2.9 所示。

图 5.2.8 机油液位

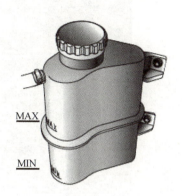
图 5.2.9 冷却液液位

④检查转向助力液液位,如图 5.2.10 所示。
⑤检查风窗清洗液液位,如图 5.2.11 所示。

图 5.2.10 转向助力液液位

图 5.2.11 风窗清洗液液位

⑥检查制动液液位,如图 5.2.12 所示。
⑦检查蓄电池电眼,如图 5.2.13 所示。

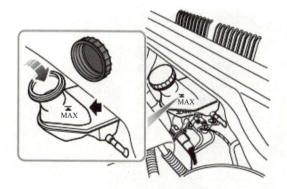
图 5.2.12 制动液液位

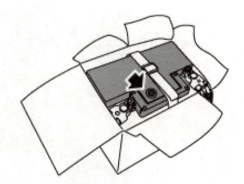
图 5.2.13 蓄电池电眼

(4) 检查驾驶室内。
①检查左前门开关,如图 5.2.14 所示。

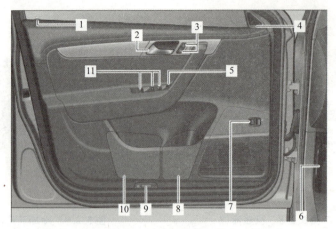

图 5.2.14 左前门开关

1—防盗警报系统或锁止机构警报灯；2—车门开启拉手；3—中央门锁按钮；4—丹拿音响标志；
5—车外后视镜调整开关；6—发动机舱盖锁开启手柄；7—行李舱盖锁开启按钮；8—杯架；
9—车门开启警示/照地灯；10—储物舱或发光警示马甲存放舱；11—电动门窗操作按钮

②检查中控开关，如图 5.2.15 所示。

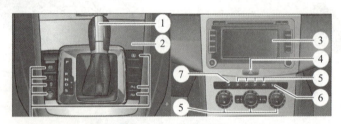

图 5.2.15 中控开关

1—换挡操纵杆；2—储物箱；3—收音机或导航系统；4—危险警报灯按钮；
5—空调系统；6—右前座椅加热器操控元件；7—左前座椅加热器操控元件

③检查多功能转向盘及仪表等，如图 5.2.16 所示。

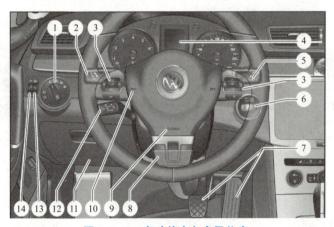

图 5.2.16 多功能方向盘及仪表

1—车灯开关；2—远光操纵杆；3—多功能转向盘上的操作元件；
4—组合仪表；5—风窗刮水器和清洗器操纵杆；6—点火开关；7—踏板；
8—可调式转向柱调整手柄；9—驾驶员正面安全气囊；10—喇叭（点火开关打开起作用）；
11—杂物箱；12—巡航控制系统开关；13—前照灯照明范围调整旋钮；14—仪表和开关照明亮度调节旋钮

④检查座椅功能、头枕上下调节,如图 5.2.17 和图 5.2.18 所示。

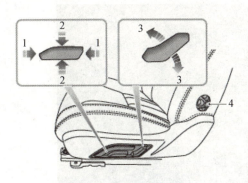 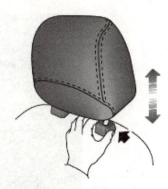

图 5.2.17　座椅功能　　　　　　　　　　　图 5.2.18　头枕上下调节

1—座椅前后移动；2—座椅升降；3—靠背前后；4—座椅按摩

⑤车内后视镜调节,如图 5.2.19 所示。

⑥检查安全带卡扣及安全带高度,如图 5.2.20 所示。

图 5.2.19　车内后视镜调节　　　　　　　图 5.2.20　安全带卡扣及安全带高度

(5)检查行李舱备胎、随车工具等,如图 5.2.21 所示。

图 5.2.21　行李舱备胎、随车工具等

(6)检查底盘。

①检查发动机变速器,如图 5.2.22 所示。

图 5.2.22　发动机变速器

②检查前、后悬架系统,如图 5.2.23 所示。

图 5.2.23　前、后悬架系统

(7) 行驶过程检查。

①起动后检查仪表是否有故障灯,如图 5.2.24 所示。

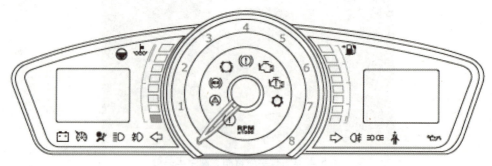

图 5.2.24　仪表

②检查各个挡位是否正常,如图 5.2.25 所示。

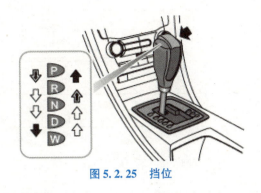

图 5.2.25 挡位

③短途路试。

检查路试过程中,发动机、变速器、车身、转向系统、悬架系统是否存在异响。

随堂操作笔记:

习 题 5

1. 单项选择题

1）下列关于新车交付检查的说法正确的是（   ）。

A. 车辆在厂商发运前在新车交付检查时验证其状态

B. 新车交付检查在车辆运达用户后实行

C. 为了防止运输中发生问题，车辆在离厂前进行了多种保护措施。新车交付检查的车辆状态的恢复步骤可以使车辆处于正常工作状态

D. 新车交付检查是将各分散运输的零件装配好，使车辆进入工作状态

2）下列关于恢复车辆工作状态的做法正确的是（   ）。

A. 用螺丝刀将防锈罩从盘式制动器上拆下

B. 首先用一个刮刀将保护贴膜从车身上剥掉

C. 调高轮胎压力

D. 不要用刀类工具除掉保护膜

3）下列关于新车交付检查前的注意事项中说法错误的是（   ）。

A. 双手保持干净，指甲不能太长

B. 制服整洁合身，不能带纽扣和拉扣，鞋子不能沾有泥土

C. 衣服口袋可以放工具和硬物

D. 身上不能佩戴钥匙链，不能戴手表、戒指、手链、项链等饰物

4）下列关于车门窗状况中，说明状况不正常的有（   ）。

A. 车门车窗完整、前后挡风玻璃无损伤

B. 车门把手开、关门灵活、安全、可靠，门窗密封条无损坏

C. 车门打开后在某个限制位有轻微晃动现象

D. 自动车窗升降自如和稳定

5）静态时测定蓄电池的两级之间的电压正常值应达到（   ）。

A. 10.5 V 以上　　　B. 11.5 V 以上　　　C. 12 V 以上　　　D. 12.5 V 以上

6）关于发动机舱内的检查项目下列说法正确的是（   ）。

A. 只检查机油及各种工作液的液位，不检查油液的泄漏

B. 发动机机油位的检查应在发动机处于热态下进行

C. 除了检查机油及各种工作液的液位及是否泄漏外，还要检查皮带张力及发动机配线、软管的连接情况

D. 自动变速器油位的检查只在冷态时进行

7）汽车车型及生产年代在汽车识别码（VIN）中由第（   ）个字母代表。

A. 4　　　　　　　B. 5　　　　　　　C. 8　　　　　　　D. 10

2. 简答题

1）一般汽车铭牌和 VIN 码的位置都在哪里？

2）恢复新车正常工作状态为什么要检查轮胎气压？

随堂操作笔记:

项目 6
道路救援篇

学习任务 1　千斤顶的使用

【学习情境描述】

掌握学习千斤顶使用方法，必要时帮助车辆脱困。

【任务技能】

(1) 掌握千斤顶类型；
(2) 能够正确使用千斤顶；
(3) 正确举升车辆。

【知识必备】

常见的随车千斤顶主要有两种类型：一种是齿条千斤顶；一种是螺旋千斤顶。这两类千斤顶的共同特点就是体积小，不占地方，适合放置在行李舱厢中。

1. 齿条千斤顶

齿条千斤顶是最常见的随车工具。齿条千斤顶由齿条、齿轮、转动机构三个部分组成，它依靠转动机构使齿条旋转，托起千斤顶支撑部位，从而举升车辆。它的体积并不大，比较好存放。其缺点为不能支撑太大的重量。齿条千斤顶有两种结构，分别是人字形结构和菱形结构。

(1) 人字形结构。

这种结构的齿条千斤顶承重量比较低，因此其主要配备在小型车上，如图 6.1.1 所示。但是人字形千斤顶支撑分量小，也非常不坚固，用在小型车身上也让人不太放心。

(2) 菱形结构。

目前大部分家用车配备的都是这种结构的齿条千斤顶，其支撑结构比人字形千斤顶更牢固可靠，如图 6.1.2 所示。从小型车到 SUV，车上配备的菱形齿条千斤顶的结构都是一样的，只是用料及尺寸的区别。

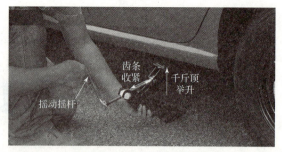

图 6.1.1　人字形千斤顶

2. 螺旋千斤顶

螺旋千斤顶是依靠自身的螺纹结构自锁来支撑车辆，其支撑重量比齿条千斤顶要大得多。不过，这种千斤顶的举升效率比较慢，但下降快，使用时需要注意安全。图 6.1.3 所示的螺旋千斤顶多为非承载式车身结构的 SUV 所配备。

图 6.1.2　菱形千斤顶
1—底座；2—支撑部位

图 6.1.3　螺旋千斤顶
1—顶盖；2—手柄控制口

【任务操作】

仪器、工具和材料

码 6.1.1　千斤顶使用

仪器	工具	材料
—	千斤顶	—

使用千斤顶举升车辆的步骤如下：

（1）稳固车辆（图 6.1.4）。

在使用千斤顶时，必须先固定车辆，"挂 P 挡、拉手刹，打开危险警报灯"，但这些还不够，必须用挡块把车辆前后轮挡住，以免溜车。

（2）放置三角警示牌（图 6.1.5）。

根据《中华人民共和国道路交通安全法》的规定，在常规道路上，发生故障或者发生交通事故时，应将三角警示牌设置在车后 50 m 至 100 m 处；而在高速公路上，则要在车后 150 m 外的地方设置警示标志，若遇上雨雾天气，需将摆放距离提升到 200 m。架设好三角警示牌后，还需按规定开启危险报警闪光灯，夜间还应当同时开启示廓灯和后尾灯。

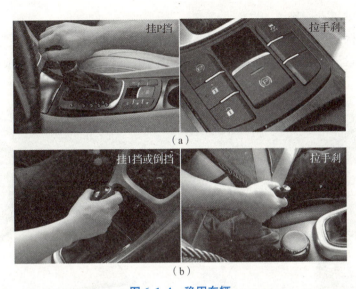

图 6.1.4 稳固车辆
(a) 自动挡车型；(b) 手动挡车型

图 6.1.5 放置三角警示牌

(3) 安装千斤顶。
①注意地面情况，应该尽量选择适合千斤顶固定的地面进行操作，且地面平整、坚硬。
②我们在使用千斤顶之前，查看最大承重量，以及千斤顶的最大承重量，见图 6.1.6。

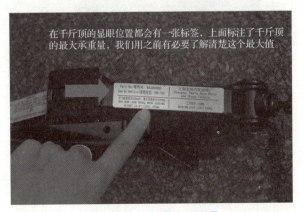

图 6.1.6 查看最大承重量

项目 6 道路救援篇

③查看车辆支撑点（图6.1.7）。

在车辆底盘两侧边缘靠近车轮的位置，都会有供千斤顶接触的支撑点。千斤顶的托举部位必须支撑在底盘支撑点上，否则的话很难固定车辆，也容易对千斤顶造成损坏，甚至损坏底盘。

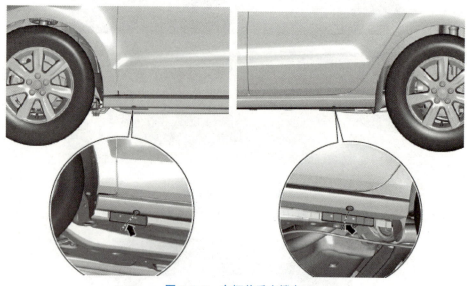

图6.1.7　车辆前后支撑点

（4）举升车辆（图6.1.8）。

把千斤顶放置在支撑点位置，平稳举升车辆，切记不可用力过猛，晃动车辆发生危险。

图6.1.8　举升车辆

学习任务 2　拖车钩使用

【学习情境描述】

汽车作为人们出行的必备工具，由上万个零件组成，难免在路上抛锚，必要时会使用拖车钩牵引和拖拉车辆。

【任务技能】

(1) 掌握拖车钩形式及位置；
(2) 能够正确安装拖车钩。

【知识必备】

1. 拖车钩的安装形式

一般来说，拖车钩分为外露式和隐藏式两种，如图 6.2.1 所示。

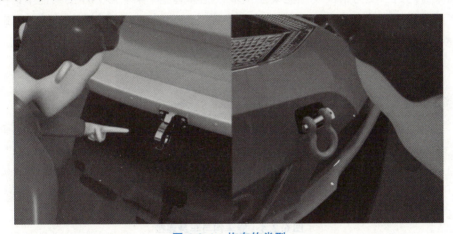

图 6.2.1　拖车钩类型

(1) 外露式拖车钩大多在车头和车尾保险杠下沿处，常见于硬派越野车，如图 6.2.2 所示。

图 6.2.2　外露式拖车钩

（2）为了车身造型的美观，隐藏式拖车钩被设计在保险杠里面，常见于轿车和城市SUV。隐藏式拖车钩在使用之前，要先打开装饰盖，然后将拖车环安装在孔位内，如图6.2.3所示。

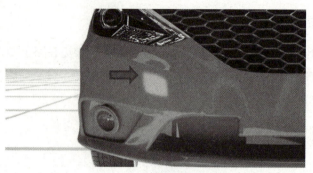

图 6.2.3　隐藏式拖车钩

2. 拖车钩在车身上的结构

（1）拖车钩与车身的连接（图6.2.4），一般都在发动机舱纵梁或纵梁轴线附近，因为纵梁分列车身两边，受力情况要比横梁强很多，能够避免车架变形。焊接式拖车钩是用焊接的方法将其与纵梁相连，有些车型为了进一步提高固定强度，除了焊接，还会用螺栓进行固定。

图 6.2.4　拖车钩与车身连接

（2）市面上最常见的是螺栓连接式拖车钩，如图6.2.5所示。螺栓孔位会选择强度高的材料和位置，比如把螺纹扣直接放在纵梁内，或者在防撞梁后方，拖车时所有的拉力都将由防撞梁传至纵梁上。

图 6.2.5　螺栓连接式拖车钩

【任务操作】

仪器、工具和材料

码 6.2.1　拖车钩使用

仪器	工具	材料
—	拖车钩、螺丝刀	—

（1）稳固车辆（参考 6.1 千斤顶使用）。
（2）放置三角警示牌（参考 6.1 千斤顶使用）。
（3）安装拖车钩，如图 6.2.6 所示。

①找到拖车钩位置。沿箭头方向按压护盖底部，并打开护盖，让其悬挂在保险杠上。图 6.2.7 所示为拖车钩护盖。

②沿逆时针方向旋入拖车钩，将螺丝刀插入拖车环内，拧紧拖车钩。注意拖车钩的螺纹是反向的。

图 6.2.6　安装拖车钩
1—拖车钩护盖；2—拖车钩

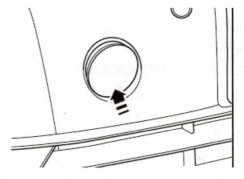

图 6.2.7　拖车钩护盖

③连接好拖车绳后，救援车应向前缓慢滑动，直至松弛的拖车绳紧绷后，再正常起步，如图 6.2.8 所示。

图 6.2.8　拖车绳安装

注意事项：

（1）手动挡汽车。

①遵守牵引的法律规定。

②两名驾驶员都必须熟悉牵引过程的特点，否则不能进行牵引工作。如使用牵引绳牵引车的驾驶员在起动和换挡时要特别注意缓慢地操作离合器。

③被牵引车的驾驶员应注意随时保持牵引绳绷紧。

④两辆汽车上的遇险警报灯都要打开，请遵守法规要求。

⑤点火开关必须打开，这样不会锁死转向盘，而且可以打开转向信号灯、喇叭、车窗玻璃刮水器和车窗玻璃清洗装置。

⑥因为制动助力器只有在发动机运转时才工作，所以在发动机未运转时必须用较大的力踩下制动踏板。

⑦对于带有助力转向装置的汽车，发动机未运转时则必须施加更大的力用于转向。

（2）自动挡汽车。

①挡位位置为"N"。

②牵引速度不得超过 50 km/h。

③牵引距离最多为 50 km。

④距离较远时必须抬起驱动轮。

注意事项：

在发动机未运转时变速箱油泵不工作，变速箱在速度较高且距离较远时不能得到足够的润滑。

习 题 6

1. 选择题

1)（单项选择）牵引自动变速箱车辆时注意事项正确的有（　　）。

A. 将变速杆移入位置 D

B. 牵引车速不得超过 80 km/h

C. 牵引距离不得超过 50 km

D. 通过牵引起动汽车

2)（不定项选择）关于自动变速箱牵引说法正确的是（　　）。

A. 拖车速度不能超过 50 km/h

B. P 挡不可以替代驻车制动

C. 牵引车辆时必须置于空挡

3)（不定项选择）车载千斤顶有（　　）。

A. 齿条千斤顶

B. 螺旋千斤顶

C. 脚踏千斤顶

4)（不定项选择）稳固车辆注意事项有（　　）。

A. 拉手刹

B. 挂 P 挡

C. 打开危险警报灯

D. 挡块挡住车辆

2. 简答题

1. 千斤顶安装注意事项有哪些？
2. 如何放置三角警示牌？

随堂操作笔记：

任务工单

任务1.1 工单

任务名称	诊断仪的认识与使用					
能力目标	（1）正确连接诊断仪； （2）正确读取故障码、清除故障码					
仪器和工具	汽车故障诊断仪					
任务要点与操作	车型		VIN码		行驶里程	
	是否正常维保		是否异常		异常时间	
	（1）读取发动机参数。					
		1	怠速转速/(r·min^{-1})			
		2	水温/℃			
		3	喷油脉宽/ms			
		4	空气流量/(g·s^{-1})			
		5	进气压力/mbar①			
		6	节气门/%			
		7	总失火率/次			
		8	前氧电压/V			
		9	后氧电压/V			
	（2）读取故障码。					
		1	发动机			
		2	变速器			
		3	ABS			
		4	空调			
		5	网关			
		6	气囊			
		7	仪表			
		8	防盗			
		9	舒适系统			
		10	其他			

① 1 mbar = 100 Pa

任务1.2 工单

任务名称	目测检查发动机机舱
能力目标	（1）检查发动机各种油液是否有泄漏； （2）明确各种油液泄漏点
仪器和工具	抹布、吸油纸

任务要点与操作

车型		VIN 码		行驶里程	
是否正常维保		是否异常		异常时间	

（1）操作要点。

序号	系统	是否泄漏	泄漏位置
1	润滑系统		
2	燃油系统		
3	冷却系统		
4	制动系统		
5	转向助力系统		
6	空调系统		
7	雨刮清洗系统		

（2）目测检查发动机机舱有哪些好处

任务1.3 工单

任务名称	检查雨刮清洗系统
能力目标	（1）检查风窗清洗液面并及时添加； （2）检查风窗清洗液冰点
仪器和工具	冰点仪、柔软绒布、吸油纸
任务要点与操作	<table><tr><td>车型</td><td></td><td>VIN码</td><td></td><td>行驶里程</td><td></td></tr><tr><td>是否正常维保</td><td></td><td>是否异常</td><td></td><td>异常时间</td><td></td></tr></table> （1）检查风窗清洗液液面。 <table><tr><td>检查项目</td><td>正常</td><td>异常</td></tr><tr><td>检查液面</td><td></td><td></td></tr></table> （2）检查风窗清洗液冰点值。 <table><tr><td>冰点值</td><td></td></tr></table> 根据冰点值判断是否适合本地区_____。 （3）操作要点。 <table><tr><th>序号</th><th>检查项目</th><th>是</th><th>否</th></tr><tr><td>1</td><td>使用手套</td><td></td><td></td></tr><tr><td>2</td><td>清洗和校准冰点测试仪后，擦干棱镜表面</td><td></td><td></td></tr><tr><td>3</td><td>用吸管吸取一滴风窗清洗液并滴在棱镜表面上</td><td></td><td></td></tr><tr><td>4</td><td>读取刻度尺上的数值</td><td></td><td></td></tr><tr><td>5</td><td>用柔软绒布擦干净棱镜，放回包装盒，测试完毕</td><td></td><td></td></tr></table> （4）冰点仪校准的方法有哪些

任务 1.4 工单

任务名称	检查车门限位器		
能力目标	（1）正确使用润滑脂； （2）判断车门限位器状态		
仪器和工具	抹布、吸油纸		
任务要点与操作	<table><tr><td>车型</td><td></td><td>VIN 码</td><td></td><td>行驶里程</td><td></td></tr><tr><td>是否正常维保</td><td></td><td>是否异常</td><td></td><td>异常时间</td><td></td></tr></table>（1）检查限位器。 <table><tr><td>检查项目</td><td>是</td><td>否</td></tr><tr><td>功能是否正常</td><td></td><td></td></tr><tr><td>润滑脂是否缺失</td><td></td><td></td></tr></table>（2）操作要点。 <table><tr><td>序号</td><td>检查项目</td><td>是</td><td>否</td></tr><tr><td>1</td><td>使用手套</td><td></td><td></td></tr><tr><td>2</td><td>打开车门，查看并评估限位器</td><td></td><td></td></tr><tr><td>3</td><td>清洁止动器尘土等</td><td></td><td></td></tr><tr><td>4</td><td>使用高熔点的 G000150 润滑脂润滑止动器</td><td></td><td></td></tr><tr><td>5</td><td>反复开关车门几次，保证润滑充分</td><td></td><td></td></tr></table>（3）检查车门限位器的好处有哪些		

任务 1.5 工单

任务名称	保养周期复位
能力目标	(1) 通过仪表进行保养周期复位; (2) 通过诊断仪进行保养周期复位
仪器和工具	诊断仪
任务要点与操作	

车型		VIN 码		行驶里程	
是否正常维保		是否异常		异常时间	

(1) 查看保养周期。

查看保养周期里程的设置	

(2) 操作要点。

序号	操作方式	是	否
1	手动操作		
2	多功能方向盘操作		
3	诊断仪操作		

(3) 多功能转向盘手动复位保养周期的方法有哪些

任务 1.6 工单

任务名称	检查安全气囊系统和安全带
能力目标	（1）正确检查安全带功能； （2）检查安全气囊是否有划伤
仪器和工具	诊断仪
任务要点与操作	<table><tr><td>车型</td><td></td><td>VIN 码</td><td></td><td>行驶里程</td><td></td></tr><tr><td>是否正常维保</td><td></td><td>是否异常</td><td></td><td>异常时间</td><td></td></tr></table> （1）操作要点如下表。 <table><tr><td>序号</td><td>检查项目</td><td>是</td><td>否</td></tr><tr><td>1</td><td>检查安全带（高度调节、收紧、按键式锁扣）功能是否正常</td><td></td><td></td></tr><tr><td>2</td><td>检查安全带表面是否有老化、损坏的地方</td><td></td><td></td></tr><tr><td>3</td><td>检查司机及乘员侧安全气囊表面是否有划伤或裂纹</td><td></td><td></td></tr><tr><td>4</td><td>检查侧气囊及气帘表面是否损坏</td><td></td><td></td></tr><tr><td>5</td><td>检查乘员侧气囊是否关闭</td><td></td><td></td></tr><tr><td>6</td><td>检查气囊警报灯状态是否正常</td><td></td><td></td></tr></table> （2）检查安全气囊和安全带的好处有哪些

任务 1.7 工单

任务名称	检查天窗
能力目标	（1）能正确润滑天窗轨道； （2）检查天窗功能
仪器和工具	诊断仪、无纺布（带乙醇）
任务要点与操作	（见下方内容）

车型		VIN 码		行驶里程	
是否正常维保		是否异常		异常时间	

（1）操作要点如下表。

序号	检查项目	是	否
1	检查天窗前后开启功能是否正常		
2	检查天窗翘起功能是否正常		
3	检查开关强制关闭功能是否正常		
4	检查用遥控器关闭天窗功能是否正常		
5	检查天窗排水管是否堵塞		
6	检查天窗轨道是否有异物		
7	检查天窗是否缺润滑脂		

（2）天窗初始化的方法有哪些

任务 1.8 工单

任务名称	检查及更换空调滤清器
能力目标	（1）能够判定空调滤清器状态； （2）能够正确更换空调滤清器
仪器和工具	吸尘器、抹布等
任务要点与操作	（见下方表格）

车型		VIN 码		行驶里程	
是否正常维保		是否异常		异常时间	

（1）操作要点如下表。

序号	检查项目	是	否
1	使用手套		
2	确认空调循环模式设定为内循环模式		
3	小心取下空调滤清器保护盒，注意勿将灰尘落于顾客车内		
4	使用吸尘器清洁空调滤清器安装座		
5	将新的空调滤芯正确安装在空调过滤器保护盒内（注意确认安装方向）		
6	将空调滤清器保护盒装回车内安装座		
7	向顾客说明检查、更换结果需要引擎启动 5 min、空调启动 3 min		
8	工具归位		

（2）检查及更换空调滤清器的好处有哪些

任务 2.1 工单

任务名称	检查蓄电池
能力目标	(1) 能正确使用数字万用表测量静态电压; (2) 评估蓄电池状态
仪器和工具	常用扳手、十字螺丝刀、一字螺丝刀、数字万用表、充电机、蓄电池检测仪
任务要点与操作	(1) 蓄电池外观检查。 裂纹检查　　　电眼颜色　　　腐蚀检查　　　安装牢固性检查 1) 检查蓄电池外壳是否有裂纹。 正常□　　　　损伤□ 2) 检查蓄电池电眼颜色(无电眼略过此项)。 黄色□　　　黑色□　　　绿色□ 3) 检查正、负极柱是否腐蚀。 正常□　　　腐蚀□ 4) 检查正、负极柱安装是否牢固。 正常□　　　松动□ (2) 蓄电池固定螺栓与接线柱力矩检查(根据车型)。 蓄电池固定与接线柱力矩如下表。 | 检查项目 | 是 | 否 | |---|---|---| | 蓄电池固定 | | | | 接线柱力矩 | | | (3) 静态电压检查。 1) 利用数字万用表对蓄电池进行检测 测量值:_____　正常□　低于标准□ 2) 通过测量蓄电池电压分析结果 ①静态电压 ≥12.5 V _____。 ②静态电压 <12.5 V _____。 备注:如果充电后蓄电池的静态电压<12.5 V,_____

任务 2.2 工单

任务名称	检查车辆内部照明和信号装置
能力目标	（1）识别车辆内部所有开关位置及功能； （2）检查车辆内部所有照明灯功能； （3）检查车内所有开关功能
仪器和工具	车辆内防护
任务要点与操作	（1）检查车内信号装置。 ①检查仪表板照明灯是否正常；正常□ 异常□ ②检查示宽灯开关和信号指示灯是否正常；正常□ 异常□ ③检查近光灯开关和信号指示灯是否正常；正常□ 异常□ ④检查远光灯开关和信号指示灯是否正常；正常□ 异常□ ⑤检查闪光开关和信号指示灯是否正常；正常□ 异常□ ⑥检查转向灯开关和信号指示灯是否正常；正常□ 异常□ ⑦检查转向灯开关自动返回功能是否正常；正常□ 异常□ ⑧检查危险警告灯开关和信号指示灯是否正常；正常□ 异常□ ⑨检查组合仪表警告灯（点亮和熄灭），若存在异常，请列举出具体异常情况。 正常□ 异常□ 存在异常的是_____。 （2）检查车内照明系统。 检查顶灯开关是否正常以及是否点亮。 正常□ 异常□ （3）写出下列仪表指示灯符号的含义。 | (!)			
💧		⛽	
🛢		🛢	
👤		🚗	
🧍		⇐⇒	
⊘		🕒	
🔋		🔦		

续表

⚙		🔧	
(◯)		🔑	
🚗		☀	
🚗OFF		🔧	
((ABS))		EPC	
(P)		🎛	
🔦			

任务要点与操作

任务 2.3 工单

任务名称	检查车辆外部照明和信号装置
能力目标	(1) 识别前部、后部灯光功能作用； (2) 了解静态转弯灯开启条件； (3) 熟练掌握双人操作检查灯光手势
仪器和工具	车辆内防护
任务要点与操作	(1) 检查前部灯光。 ①检查安装状况；正常□ 异常□ ②检查是否损坏和有污垢；正常□ 异常□ ③检查前示宽灯是否正常；正常□ 异常□ ④检查近光灯是否正常；正常□ 异常□ ⑤检查远光灯是否正常；正常□ 异常□ ⑥检查左前转向灯是否正常；正常□ 异常□ ⑦检查右前转向灯是否正常；正常□ 异常□ ⑧检查前危险警示灯是否正常；正常□ 异常□ ⑨检查前雾灯是否正常。正常□ 异常□ (2) 检查后部灯光。 ①检查安装状况；正常□ 异常□ ②检查是否损坏和有污垢；正常□ 异常□ ③检查后示宽灯是否正常；正常□ 异常□ ④检查牌照灯是否正常；正常□ 异常□ ⑤检查制动灯是否正常；正常□ 异常□ ⑥检查倒车灯是否正常；正常□ 异常□ ⑦检查左后转向灯是否正常；正常□ 异常□ ⑧检查右后转向灯是否正常；正常□ 异常□ ⑨检查后危险警示灯是否正常；正常□ 异常□ ⑩检查后雾灯是否正常。正常□ 异常□

任务 2.4 工单

任务名称	检查风窗刮水器、风窗清洗器、大灯清洗装置功能
能力目标	（1）掌握风窗刮水器和清洗器的开关位置及功能； （2）掌握大灯清洗装置的工作过程
仪器和工具	风窗清洗器、大灯清洗装置、车辆内防护
任务要点与操作	（1）检查前挡风玻璃清洗器。 ①检查喷射力、喷射位置；正常□ 异常□ ②检查喷射时刮水器联动。正常□ 异常□ （2）检查前挡风玻璃刮水器。 ①检查刮水片状态是否正常；正常□ 异常□ ②检查工作情况（低速）；正常□ 异常□ ③检查工作情况（高速）；正常□ 异常□ ④检查自动回位状态；正常□ 异常□ ⑤检查刮水状况。正常□ 异常□ （3）检查大灯清洗装置。 ①检查喷嘴的喷射装置；正常□ 异常□ ②检查喷嘴的喷射位置；正常□ 异常□ a. 打开点火开关；完成□ 未完成□ b. 打开近光灯；完成□ 未完成□ c. 当车窗玻璃刮水器操纵杆保持在"清洗位置"处 1.5 s 以上时，将开始清洗大灯；正常□ 异常□ d. 喷束应喷到大灯灯泡正中。正常□ 异常□ （4）检查风窗刮水器、风窗清洗器、大灯清洗装置功能及操作要点

任务2.5 工单

任务名称	检查、调整前照灯（大灯）光束
能力目标	(1) 能正确使用灯光测试仪 VAS5046； (2) 正确调整灯光
仪器和工具	灯光测试仪、车辆外防护、抹布、蓄电池充电器
任务要点与操作	(1) 检查大灯的前提条件（在对 LED 大灯进行测量和调整前需要进行车辆检查）。 ①保证轮胎压力标准（参照维修手册）；完成□ 未完成□ ②载荷符合要求（在司机座上坐一个人或者放 75 kg 重物、油箱油量 90% 以上）；完成□ 未完成□ ③大灯表面要干净、不能破损；完成□ 未完成□ ④大灯反光镜和灯泡正常；完成□ 未完成□ ⑤大灯高度调节在"0"位；完成□ 未完成□ ⑥车辆和大灯调节装置必须在一个水平面上；完成□ 未完成□ ⑦为了防止蓄电池亏电建议连接蓄电池充电器。 (2) 大灯光束调节方法 ①调整大灯测试仪与大灯距离保持在 50±5 cm；完成□ 未完成□ ②调整灯光接收器与车身纵轴线垂直；完成□ 未完成□ ③将大灯开关开到近光位置；完成□ 未完成□ ④上下调整灯光明暗分界线 1 与测试仪指示线重合；完成□ 未完成□ ⑤左右调整明暗分界线与倾斜线的交点穿过灯中心；完成□ 未完成□ ⑥大灯开关开到远光位置，检查明亮点是否在灯中心。如明亮点不在灯中心，通过调整实现，调整远光后再次检查近光；完成□ 未完成□ ⑦如远近光不能同时满足要求，更换大灯总成；完成□ 未完成□ ⑧在打开远光灯时，测量灯光照射强度，结果应该显示在绿区，否则灯光照射强度不合格。 (3) 检查调整大灯光束操作要点有哪些

任务 3.1 工单

任务名称	检查冷却液液面高度及防冻能力
能力目标	（1）能对冷却液的液面进行检查； （2）能检测冷却液的冰点
仪器和工具	外防护三件套、手电筒、冰点仪、软布
任务要点与操作	（1）冷却液液面高度的检查。   检查冷却液液面高度。 偏低□　　　正常□　　　偏高□ （2）冷却液防冻能力的检查。  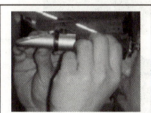 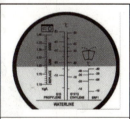 吸取冷却液　　　观察　　　读取数值 ①清洁和校准冰点仪。 | 清洁冰点仪 | | | --- | --- | | 校准 | | ②用_____吸取一滴冷却液滴在棱镜表面上。 ③合上盖板轻轻按压，将目镜朝向_____处。 ④读取数值并记录。 测量值_____。 正常□　　　不正常□ ⑤用软布擦干净棱镜，放回包装盒，测试完毕。 备注：如果测量值不正常，说明冷却液的防冻能力达不到要求，应该予以_____

任务 3.2 工单

任务名称	更换发动机机油及机油滤清器
能力目标	（1）能正确更换发动机机油； （2）能正确更换机油滤清器
仪器和工具	举升机、常用扳手、扭矩扳手、机油滤清扳手、机油接收器等
任务要点与操作	（1）机油油位的检查。 ①关闭发动机后等待 3 min。 完成□　　　　未完成□ ②拔出机油尺，用干净的抹布擦净后将机油尺重新插入并推到底。 完成□　　　　未完成□ ③检查机油油位标尺。 正常□　　　偏高□　　　偏低□ （2）更换发动机机油和机油滤清器。 发动机机油及机油滤清器　　专用维修工具　　O形圈 ①打开_____盖； ②举升车辆，松开_____，用_____接收旧机油； ③待油底壳内机油全部放干净后，安装新的油底壳_____，并用扭矩扳手按标准力矩拧紧； ④用_____将旧的机油滤清器拆下（逆时针方向），如果机油滤清器位于发动机上方，则应先更换机油滤清器后排放机油； ⑤清洁机油滤清器支架密封面（取下旧滤清器密封垫）； ⑥将新滤清器上的橡胶密封环稍微用_____润滑一下，以便拧紧时密封环吸附到滤清器上，使密封性更好； ⑦先用手将滤清器安装在机油滤清器支架上并用手预拧紧，然后用_____拧紧，最后用扭矩扳手按标准力矩拧紧； ⑧下降车辆，按照加注标准加注新的机油； ⑨拧紧_____盖，起动发动机运转 2 min，关闭发动机等待 3 min； ⑩检查机油油面

 任务 3.3 工单

任务名称	检查及更换火花塞
能力目标	(1) 能正确检查火花塞; (2) 能正确更换火花塞
仪器和工具	车辆内外防护、常用扳手、塞尺、扭矩扳手、火花塞套筒等
任务要点与操作	(1) 火花塞的检查。 | 螺纹检查 | 陶瓷检查 | 间隙检查 | 锈蚀、烧蚀检查 | ①检查螺纹是否完好。 正常□　　　损伤□ ②检查陶瓷是否有裂纹。 正常□　　　损伤□ ③检查火花塞间隙值为_____，并依据维修手册判断是否正常。 正常□　　　异常□ ④检查是否锈蚀和烧蚀。 正常□　　　异常□ (2) 火花塞的更换。 ①清洁发动机上部，拆卸发动机上护罩。 完成□　　　未完成□ ②断开火花塞上的高压线或者点火线圈线束插头。 完成□　未完成□ ③用_____拆下火花塞。 ④安装新的火花塞。 完成□　未完成□ ⑤查阅维修手册，按照规定扭矩拧紧新火花塞。规定扭矩为_____。 ⑥接上火花塞高压线。 完成□　未完成□ ⑦起动发动机，观察发动机运转情况。 完成□　未完成□ ⑧关闭发动机，安装发动机上护罩。 完成□　未完成□

任务 3.4 工单

任务名称	检查及更换空气滤清器
能力目标	（1）能正确清洁空气滤清器； （2）能正确更换空气滤清器滤芯
仪器和工具	车辆内外防护、常用扳手、高压气枪等
任务要点与操作	（1）空气滤清器的清洁。 清洁壳体　　取出滤芯　　清洁滤芯　　安装滤芯 ①清洁并拆开空气滤清器壳体。 完成□　　未完成□ ②取出空气滤清器滤芯，观察是否有损伤。 正常□　　损伤□ ③用干净的抹布清除壳体内的灰尘及杂质（注意避免异物进入进气道）。 完成□　　未完成□ ④用_____清洁空气滤清器滤芯。 完成□　　未完成□ ⑤将滤芯按照正确的方向放入壳体内，并紧固相应螺栓或卡子。 完成□　　未完成□ ⑥检查滤清器壳体安装位置是否到位及是否牢固。 （2）更换空气滤清器滤芯。 ①清洁并拆开空气滤清器外壳体。 完成□　　未完成□ ②取出空气滤清器旧滤芯。 完成□　　未完成□ ③用干净的抹布清除壳体内的灰尘及杂质（注意避免异物进入进气道）。 完成□　　未完成□ ④将新的空气滤清器滤芯，按照正确的方向安装到空气滤清器壳体内。 完成□　　未完成□ ⑤紧固相应螺栓或卡子。 完成□　　未完成□ ⑥检查滤清器壳体安装位置是否到位及是否牢固

任务 3.5 工单

任务名称	检查排气系统
能力目标	(1) 识别排气系统类型和各部件位置; (2) 检查排气系统各部件的状况
仪器和工具	举升机、扭矩扳手、手电筒
任务要点与操作	(1) 识别排气系统类型是_____排气系统,识别其各部件位置。 完成□　　未完成□ (2) 检查排气系统各部件的状况。 ①检查排气管是否损坏; 正常□　　损坏□ ②检查消声器是否损坏; 正常□　　损坏□ ③检查排气管吊环是否损坏或脱落; 正常□　　损坏□ ④检查密封垫片是否损坏; 正常□　　损坏□ ⑤检查排气管是否泄漏; 正常□　　泄漏□ ⑥检查排气管双卡箍固定螺栓是否松动。 正常□　　松动□ (3) 检查排气系统的操作要点

任务 3.6 工单

任务名称	更换燃油滤清器
能力目标	（1）能正确拆卸旧燃油滤清器； （2）能正确安装新燃油滤清器
仪器和工具	常用扳手、十字螺丝刀、举升机、鲤鱼钳
任务要点与操作	（1）燃油系统卸压。 ①拔下燃油泵_____或者_____，使电动汽油泵不工作。 ②确认驻车制动器已拉紧，变速器位于空挡位，打开点火开关并起动发动机。待发动机自动熄火后，关闭点火开关。再次起动发动机，直至无法起动为止。 完成□　　　未完成□ ③使用扳手拆除蓄电池的负极并使之可靠离开。 （2）拆卸旧燃油滤清器。 ①将车辆举升到目标高度，可靠停驻。 完成□　　　未完成□ ②使用棉纱擦净滤清器油管接口处的污物。 完成□　　　未完成□ ③使用十字螺丝刀旋松进出油管固定卡的螺栓，要求固定卡可在橡胶油管上滑动。 完成□　　　未完成□ ④将固定卡滑离橡胶油管和滤清器接口接触部位，保持在油管上。 完成□　　　未完成□ ⑤在与滤清器接口接触的油管外面缠绕 2~3 层干净棉纱。 完成□　　　未完成□ ⑥使用鲤鱼钳夹紧缠绕的棉纱的油管部位，上下方向摆动工具，直到橡胶油管在滤清器接口上松动为止，然后拿下棉纱。 完成□　　　未完成□ ⑦一手按住滤清器及其支架，防止滤清器转动；一手握紧油管与滤清器接口接触部位，用力转动油管并向外拉，直到油管脱出。把堵头插入油管，防止污物进入油管而污染燃油。 完成□　　　未完成□ （3）安装新燃油滤清器。 ①确认汽油滤清器壳上的箭头"→"方向与燃油供给系统要求一致。 完成□　　　未完成□ ②将滤清器支架上的螺栓孔套入车体螺杆上并用手扶住支架，然后用手把螺母旋紧。并将螺母按照规定力矩拧紧。 完成□　　　未完成□ ③将汽油滤清器支架紧固完毕，确认滤清器壳上的箭头"→"方向是否与燃油供给系统要求一致。 完成□　　　未完成□

续表

| 任务要点与操作 | ④检查油管是否老化、龟裂；检查油管固定卡是否锈蚀、滑扣、裂纹等损伤。如果有损伤则更换橡胶油管和固定卡。
完成□　　　未完成□
⑤迅速拔下橡胶油管的专用堵头，将油管口对准滤清器的接口，上下摆动油管的同时施加推力。直到油管与滤清器接口的肩部接触为止。
完成□　　　未完成□
⑥将油管固定卡移至略越过滤清器接口的突起处，使用十字螺丝刀将固定卡拧紧。
完成□　　　未完成□
⑦最后用棉纱擦净油管接头处的油迹。
完成□　　　未完成□
（4）连接电路。
①操纵举升机，将车辆下降至地面。
完成□　　　未完成□
②将保险丝或者继电器安装回原位置。
完成□　　　未完成□
③将蓄电池的负极柱、负极接线头内孔等处的污物或腐蚀物等擦拭干净；将负极接线头套在蓄电池的负极柱上并紧固好。
完成□　　　未完成□
（5）燃油系统检漏。
①进入驾驶室，确认驻车制动器已拉紧，变速器置于空挡位。
完成□　　　未完成□
②打开点火开关拨至ON挡，2~3 s后，拨至OFF挡。如此重复3~5次，然后起动发动机，加减速操作2~3 min，关闭点火开关。
完成□　　　未完成□
③将车辆举升到合适高度并可靠停驻，检查汽油滤清器的进、出油管处是否存在漏油。
完成□　　　未完成□
（6）整理工位。
关闭发动机舱盖，清洁工具和仪器，并清洁地面 |

任务3.7 工单

任务名称	发动机正时皮带及皮带张紧轮的检查
能力目标	（1）能正确检查正时皮带； （2）能正确检查张紧轮
仪器和工具	手电筒
任务要点与操作	（1）检查正时皮带。 ①皮带表面是否出现龟裂裂纹、磨损以及剥落等现象。 正常□　　损伤□ a. 检查正时皮带是否存在以下缺陷： b. 反面橡胶是否硬化。 正常□　　异常□ c. 反面橡胶的表面和齿根是否出现裂纹。 正常□　　异常□ d. 帆布是否撕裂或帆布是否与橡胶分离。 正常□　　异常□ e. 皮带侧面是否出现裂纹。 正常□　　异常□ f. 皮带侧面是否异常磨损。 正常□　　异常□ g. 是否有齿的异常磨损或消失。 正常□　　异常□ （2）检查皮带的张力是否合适。 偏紧□　　偏松□　　　合适□ （3）检查皮带是否正确地安装在齿形槽内。 正常□　　异常□ （4）检查张紧轮是否正常。 正常□　　异常□

任务 4.1 工单

任务名称	制动液的检查与更换
能力目标	（1）掌握制动液液面高度检查方法及标准； （2）了解制动液吸湿的特性； （3）掌握制动液更换周期
仪器和工具	制动液检测仪、冰点仪、手电筒等
任务要点与操作	（1）检查液面高度。 	液面高度	不足	添加（L）	备注
---	---	---	---
制动液			| （2）检查制动液含水量。 | 含水量	<1	>1	>3
---	---	---	---
制动液				 （3）列出制动液检查与更换的要点

任务 4.2 工单

任务名称	检查前、后制动摩擦衬块厚度
能力目标	(1) 用深度尺测量摩擦衬块厚度； (2) 目测鼓式制动器摩擦衬块厚度
仪器和工具	深度尺、常用扳手等
任务要点与操作	(1) 测量制动摩擦衬块。 | 序号	制动摩擦衬块（不计背板厚度）	
---	---	---
1	左前轮	
2	右前轮	
3	左后轮	
4	右后轮		 (2) 盘式制动摩擦衬块厚度_____。 (3) 鼓式制动摩擦衬块厚度_____。 (4) 列出拆卸摩擦衬块的注意事项

任务 4.3 工单

任务名称	轮胎的检查与换位
能力目标	（1）用轮胎花纹深度尺测量轮胎花纹深度并记录； （2）轮胎磨损不正常的原因； （3）轮胎换位方式； （4）轮胎螺栓标准力矩
仪器和工具	轮胎花纹深度尺、一字螺丝刀等
任务要点与操作	（1）测量轮胎花纹深度。 | 轮胎及制动摩擦	花纹深度 标准 >1.6 mm | |---|---| | 左前轮 | | | 右前轮 | | | 左后轮 | | | 右后轮 | | | 备胎 | | （2）轮胎气压值。 | 轮胎及制动摩擦	轮胎气压 bar[①]		| |---|---|---|---| | | 标准（半/满）| 调整前 | 调整后 | | 左前轮 | | | | | 右前轮 | | | | | 左后轮 | | | | | 右后轮 | | | | | 备胎 | | | | （3）列出轮胎换位的要点

---

① 1 bar = 100 KPa

任务 4.4 工单

任务名称	检查变速箱、等速万向节、球头间隙及防尘套
能力目标	(1) 检查变速器主减速器及其传动部件是否泄漏，排除安全隐患； (2) 主减速器及万向节防护套结构认知； (3) 转向横拉杆球头及防尘套的检查
仪器和工具	举升机、常用扳手、手电筒、手套、抹布
任务要点与操作	(1) 汽车变速箱、主减速器、万向节检查。 | 部位	泄漏	损坏	正常 | |---|---|---|---| | 变速箱壳体 | | | | | 主减速器 | | | | | 等速万向节防尘套 | | | | (2) 检查转向横拉杆球头间隙。 | 部位 | 泄漏 | 损坏 | 正常 | |---|---|---|---| | 转向横拉杆间隙 | | | | | 防尘套 | | | | (3) 列出检查变速箱、等速万向节、球头间隙及防尘套注意事项

任务 4.5 工单

任务名称	变速箱油的检查与更换
能力目标	(1) 会对自动变速箱油位和品质进行检查; (2) 掌握自动变速箱油的更换方法
仪器和工具	VAG1331、VAS6262、集油器及诊断仪、常用扳手、抹布、手套
任务要点与操作	(1) 变速器齿轮油的检查。 	变速箱型号	不足	正常	加注量/L
---	---	---	---
DSG			| (2) 变速箱油及滤清器的更换。 | 变速箱型号	油液品质	更换容量/L	滤清器型号
---	---	---	---
	好 □	更换前	
	一般 □	更换后	
	差 □			 (3) 列出更换双离合变速箱齿轮油和滤清器的要点

任务 4.6 工单

任务名称	轮胎的拆装				
能力目标	（1）正确操作扒胎机； （2）正确拆装轮胎				
仪器和工具	扒胎机、气门扳手、气门安装杆等				
任务要点与操作	车型		VIN 码		行驶里程	
	是否正常维保		是否异常		异常时间	
	列出操作要点。				
	序号	步骤			
	1				
	2				
	3				
	4				
	5				
	6				
	7				
	8				
	9				
	10				
	11				

续表

	序号	步骤
任务要点与操作	12	
	13	
	14	
	15	
	16	
	17	
	18	
	19	
	20	
	21	
	22	
	23	
	24	
	25	
	26	

任务 4.7 工单

任务名称	车轮的动平衡
能力目标	（1）正确操作动平衡机； （2）正确设置动平衡机参数
仪器和工具	动平衡机、工具刀、一字螺丝刀、抹布等
任务要点与操作	<table><tr><td>车型</td><td></td><td>VIN 码</td><td></td><td>行驶里程</td><td></td></tr><tr><td>是否正常维保</td><td></td><td>是否异常</td><td></td><td>异常时间</td><td></td></tr></table> 列出操作要点。 <table><tr><td>序号</td><td>步骤</td></tr><tr><td>1</td><td></td></tr><tr><td>2</td><td></td></tr><tr><td>3</td><td></td></tr><tr><td>4</td><td></td></tr><tr><td>5</td><td></td></tr><tr><td>6</td><td></td></tr><tr><td>7</td><td></td></tr><tr><td>8</td><td></td></tr><tr><td>9</td><td></td></tr><tr><td>10</td><td></td></tr><tr><td>11</td><td></td></tr><tr><td>12</td><td></td></tr></table>

任务 5.1 工单

任务名称	恢复新车正常工作状态
能力目标	（1）能明确新车恢复正常工作状态的意义； （2）能口述恢复新车正常工作的状态的操作步骤； （3）能就车模拟进行新车状态的恢复，同时遵守安全操作规程
仪器和工具	举升机、诊断仪、胎压表、常用扳手等

任务要点与操作

车型		VIN 码		行驶里程	
是否正常维保		是否异常		异常时间	

（1）随车物品检查。

新车明细					
品牌	车型	规格	颜色	发动机号	车架号
手续资料		随车工具			
车主手册		钥匙				
保修手册		工具包				
车辆安全性能检验证书		新车点检单		备胎		点烟器	
备注		处理				

（2）操作要点。

序号	检查项目	是	否
1	车辆保险是否安装		
2	车辆零部件是否安装		
3	车辆胎压是否正常		
4	标志、标签是否去除		
5	车身防护膜是否去除		

任务 5.2 工单

任务名称	新车交付检查					
能力目标	（1）正确检查车辆外观； （2）检查发动机机舱包括油液； （3）检查驾驶室各项功能； （4）检查底盘					
仪器和工具	举升机、诊断仪、胎压表、常用扳手等					
任务要点与操作	车型		VIN 码		行驶里程	
	是否正常维保		是否异常		异常时间	
	（1）操作要点。					
	序号	检查项目			是	否
	1	检查车辆铭牌及识别码				
	2	检查车辆外观				
	3	检查发动机舱				
	4	检查驾驶室				
	5	检查行李舱				
	6	检查底盘				
	7	行驶过程检查				
	（2）列出新车交付检查的好处					

任务 6.1 工单

任务名称	千斤顶的使用
能力目标	（1）掌握千斤顶类型； （2）能够正确使用千斤顶； （3）正确举升车辆
仪器和工具	千斤顶
任务要点与操作	（1）认识千斤顶的几种类型。 （2）画出车辆千斤顶前、后支撑点。 （3）列出千斤顶使用的要点

任务 6.2 工单

任务名称	拖车钩使用
能力目标	（1）掌握拖车钩形式及位置； （2）能够正确安装拖车钩
仪器和工具	拖车钩、螺丝刀
任务要点与操作	（1）在下表列出拖车钩的几种形式及位置。  　 （2）列出安装拖车钩操作要点。 　 （3）列出拖车钩使用注意事项

附录 汽车常规保养项目单

用户姓名		牌照号		底盘号		购车日期		保养日期		
								合格	不合格	消除

行驶里程/km：10000、20000、30000、40000、50000、60000、70000、80000、90000、100000、110000、120000、130000、140000、150000、160000、170000、180000、190000、200000、210000、220000

常规保养清单

1. 查询自诊断系统故障存储器
2. 目测检查发动机及机舱内的其他部件是否有泄漏或损坏
3. 检查蓄电池固定情况，电眼颜色（免维护蓄电池无电眼检查电瓶电压及其电解液位）
4. 检查制动液液位，必要时添加
5. 检查风窗清洗液液面高度，必要时添加清洗液
6. 检查冷却液液面高度及浓度（防冻能力），必要时添加冷却液或调整浓度
7. 更换发动机机油及机油滤清器（注：如拆卸油底壳放油螺栓，必须更换该螺栓）
8. 检查前、后制动器擦拭块厚度
9. 检查所有轮胎（包括备胎）的花纹深度及磨损形态，消除轮胎上的异物
10. 目测检查车身底部防护层及底饰板是否破损
11. 目测检查制动系统是否有泄漏和损坏
12. 目测检查变速器、主减速器及等速万向节防护套有无泄漏或损坏
13. 检查转向横拉杆球头的间隙，紧固程度及防尘套状况
14. 检查手动变速箱油位，必要时添加
15. 进行轮胎换位，按要求检查轮胎气压，必要时校正，检查轮胎螺栓拧紧力矩
16. 润滑车门止动器
17. 装备TSI发动机的车型：加注燃油添加剂G17
18. 保养同期指示器复位
19. 试车：检查脚、手制动器、变速器、离合器、转向及空调等功能，查询故障存储器；终检
20. 检查安全气囊和安全带状态及安全气囊罩壳是否损坏
21. 检查车内所有开关，车内照明，用电器，显示器和仪表各警报指示灯的功能
22. 检查滑动天窗功能，清洗导轨并用专用润滑脂润滑
23. 检查车外前部、后部、行李箱照明灯等所有灯光状态和闪烁报警装置功能
24. 检查风窗刮水器，清洗器壳体，必要时调整喷嘴
25. 清洗空气滤清器壳体，清洗滤芯，检查滤芯状态，必要时采取相应维修保养措施
26. 粉尘及空调滤清器：清洗外壳，检查滤芯状态，必要时采取相应维修保养措施
27. 检查09G型自动变速箱润滑油（ATF）油位、必要时添加润滑油（ATF）
28. 检查排期系统是否有泄漏或损坏及紧固程度
29. 检查大灯光束，如必要，则调整大灯光束

保养间隔：10000 km 或 1 年定期保养；5000 km 或 1 年首次保养；10000 km 或 1 年之后每定期保养

续表

用户姓名		牌照号		底盘号		购车日期		行驶里程/km		保养日期		
保养间隔	5000	10000	20000	30000	40000	50000	60000	70000	80000	90000	100000	110000
	120000	130000	140000	150000	160000	170000	180000	190000	200000	210000	220000	
										合格	不合格	消除

常规保养清单

其他保养项目

30. 更换火花塞（首次 30 000 km，之后每 30 000 km）
31. 装备 TSI 发动机的车型：更换火花塞（首次 20 000 km，之后每 20 000 km）
32. 更换空气滤清器滤芯，清洗壳体（首次 20 000 km 或 2 年，之后每 20 000 km 或每 2 年）
33. 粉尘及空调滤清器：清洗外壳，更换滤芯（首次 20 000 km，行驶里程较少的车辆 1 年更换）
34. 检查多楔形皮带的状态，必要时更换（首次 30 000 km 或 2 年，之后每 30 000 km 或每 2 年）；每 120 000 km 或每 6 年必须更换多楔皮带
35. 更换燃油滤清器（首次 80 000 km 或 6 年，之后每 80 000 km 或每 6 年）
36. 检查正时齿带及齿带张紧轮，必要时更换（首次 90 000 km，之后每 90 000 km）；每 180 000 km 必须更换
37. 检查水泵齿形皮带，必要时更换（首次 90 000 km，之后每 90 000 km）；每 180 000 km 必须更换
38. 检查手动变速箱内的齿轮润滑油（首次 60 000 km，之后每 60 000 km 或每 4 年）
39. 检查 09G 型自动变速箱润滑油（ATF）油位及油质，必要时采取相应维修保养措施（首次 60 000 km 或 4 年，之后每 60 000 km 或每 4 年）
40. 对带气体放电灯泡的大灯（氙灯）的进行基本设置（首次 60 000 km 或 4 年，之后每 60 000 km 或每 4 年）
41. 更换制动液（每 24 个月）

注意：
◆ 所有保养项目，请检修工根据车辆行驶里程/时间进行选择（以先到者为准）。
◆ 加注机油时应小心防止机油溅出；机油加注完毕后必须拧紧机油加注口盖，并清洁其周围的油渍，保证其清洁无油渍。
◆ 本项目单内的保养内容是根据汽车正常行驶情况下制定的，对于经常在恶劣条件下使用的车辆，某些保养内容需在两次保养间隔之间提前进行，特别是经常停车/起动机经常在低温条件下使用的车辆，应经常检查机油油位，并定期更换机油，经常在高尘环境或地区使用的车辆应增加清洗壳体及更换空气滤清器滤芯的频次。
◆ 每次保养时请在表格上方的行驶里程栏上打钩。
◆ 每次定期保养时（包括 5 000 km 首次保养）的燃油添加剂 G17 均由用户购买。
◆ 检查是否加装或改装其他电气设备或机械附件，并在本次保养单备注中注明"有"或"无"。

维修技师签名： 质量检查员签名： 用户签名：

续表

用户姓名							牌照号						底盘号						购车日期						保养日期		
保养间隔	5000	10000	20000	30000	40000	50000	60000	70000	80000	90000	100000	110000	120000	130000	140000	150000	160000	170000	180000	190000	200000	210000	220000		合格	不合格	消除

常规保养清单

合格－已检查未发现缺陷；不合格－检查中发现缺陷；消除－按维修信息消除缺陷

备注：
- ◆ 加装或改装其他电器设备（　），如果有，请列出：
- ◆ 加装或改装机械附件（　），如果有，请列出：
- ◆ 建议下次保养：（　）km　　年　　月

选择机油类型　　□专用机油　　□优选机油　　□高端机油

	轮胎气压/bar		花纹深度	制动摩擦片摩擦极限		灯光	良好	修复	发动机参数	数据	单位	故障码	
轮胎及制动摩擦	标准(半/满)	调整前	调整后	标准＞1.6 mm	标准＞2 mm (不计背板)								
左前轮				□是 □否	□是 □否	大灯			急速转速		r/min⁻¹	发动机( )个消除
右前轮				□是 □否	□是 □否	驻车灯			水温		℃	变速器( )个消除
左后轮				□是 □否	□是 □否	前雾灯			喷油脉宽		ms	ABS( )个消除
右后轮				□是 □否	□是 □否	前转向灯			空气流量		g·s⁻¹	空调( )个消除
备胎				□是 □否	□是 □否	侧转向灯			进气压力		mbar	网关( )个消除
					/	尾灯			节气门		%	气囊( )个消除
液面高度	不足	添加/L	备注	皮带－不合格状态：裂纹、分层、齿带体断裂，必要时更换		后转向灯			总失火率		次	仪表( )个消除
冷却液			冰点( )℃			制动灯			前氧电压		V	防盗( )个消除
制动液				蓄电池－电眼( )色 空载电压( )V		倒车灯			后氧电压		V	舒适系统( )个消除 ( )个消除
风窗清洗液				固定螺栓：紧固松动/生锈－消除，必要时使用专用仪器检		后雾灯						( )个消除
						牌照灯						

随堂操作笔记:

习题答案

习题 1

1. 选择题
1) B
2) B
3) C
4) D
5) D
6) D
7) D

2. 简答题
略

习题 2

1. 选择题
1) B
2) A
3) B
4) B
5) B
6) C
7) B
8) D

2. 略

习题 3

1. 选择题
1) A
2) A
3) AB
4) D
5) B
6) C
7) D
8) B
9) A
10) ABD

11）D

12）AB

13）ABCD

14）D

15）ABCD

2. 简答题

略

习题 4

1. 选择题

1）C

2）A

3）C

4）B

5）AC

6）ABC

7）A

8）A

9）B

10）D

11）ABD

12）B

13）A

14）ABCD

2. 简答题

略

习题 5

1. 单项选择题

1）B

2）D

3）C

4）C

5）D

6）C

7）D

2. 简答题

略

习题 6

1. 选择题
1）C
2）ABC
3）AB
4）ABCD
2. 简答题
略

参 考 文 献

[1] 李维娟. 汽车维护与保养［M］. 北京：北京理工大学出版社，2015。
[2] 刘锦. 汽车维修与保养［J］. 黑龙江交通科技，2013，(009)：165-165.
[3] 夏长明. 现代汽车维护与保养. 第2版［M］. 北京：机械工业出版社，2010.
[4] 陈志刚. 汽车维护与保养［J］. 现代企业教育，2014.
[5] 谭本忠. 汽车维护与保养图解教程［M］. 北京：机械工业出版社，2008.
[6] 张少洪. 汽车维护与保养实务［M］. 北京：北京邮电大学出版社，2013.
[7] ［法］休伯特·曼特，布鲁诺·科隆比. 汽车维修与保养60关键点［M］. 王燕云，译. 北京：机械工业出版社，2016.
[8] 夏雪松. 汽车维护与保养入门［M］. 北京：化学工业出版社，2020.
[9] 皮连根. 汽车维护与保养［M］. 北京：化学工业出版社，2019.
[10] 江华. 汽车维护与保养［M］. 北京：北京理工大学出版社，2019.